启笛

国际中英用

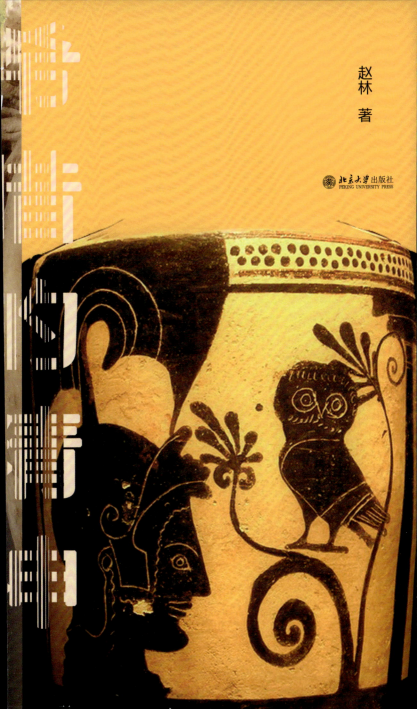

赵林 著

北京大学出版社
PEKING UNIVERSITY PRESS

目录

上卷 古希腊悲剧与人生

第一讲 奥林匹斯宗教作为古希腊文明的渊源 / 5

第二讲 酒神崇拜与古希腊悲剧的产生 / 17

第三讲 古希腊悲剧的命运主题 / 25

第四讲 埃斯库罗斯的悲剧 / 33

第五讲 索福克勒斯的悲剧 / 55

第六讲 欧里庇得斯的悲剧 / 77

第七讲 古希腊悲剧的深刻哲理 / 93

第八讲 古希腊悲剧的文化影响 / 103

下卷 古希腊哲学的意蕴

形而上学的宿命 / 115

诸神的谱系与世界的本原 / 125

"命运"与"背后的东西" / 133

可见之物、可思之物与可信之物 / 143

辩证法与神秘主义 / 153

"智者"的智慧 / 163

苏格拉底之死与西方文化宿命 / 171

浪漫的"热情"与实证的"审慎" / 181

上卷 古希腊悲剧与人生

人生在世一辈子不可能不发生悲剧，一个人在一生的过程中从来没有经历过任何悲剧，那才是最悲惨的事情。问题是，当悲剧发生的时候如何去面对？在本书中，我就给大家系统地讲一讲古希腊悲剧。

首先，什么是悲剧？

酒神狄奥尼索斯面具

陶，约公元前 200—前 1，高 12.2cm

卢浮宫

今天讲的古希腊悲剧作为一种艺术形式，它当然也是取材于现实生活中的一些悲惨的故事、悲惨的事实。鲁迅先生曾经说过，真正的悲剧就是"将人生有价值的东西毁灭给人看"。古希腊著名的大思想家、大科学家，同时也是大美学家的亚里士多德认为，悲剧就是对一个严肃、完整且有一定长度的行动的模仿，而悲剧本身最大的意义就是能够激发起人们的两种情感，一种是怜悯，一种是恐惧。所以我想首先从这个简单的导言，切入作为一种艺术形式的古希腊悲剧。

第一讲

奥林匹斯宗教作为古希腊文明的渊源

我们要讨论的第一个问题是古希腊的奥林匹斯宗教对希腊的各种文化形态,其中当然包括悲剧的深刻影响。众所周知,希腊文明是整个西方文明的摇篮,而希腊文明作为西方文明最早的发展阶段,本身也经历了将近两千年的发展历程。希腊早先曾有过一个爱琴文明时期,是其文明的第一个发展阶段,爱琴文明本身又分为两个子阶段,一个是克里特文明,一个是迈锡尼文明。

克里特文明发生在爱琴海南端的狭长的克里特岛,这里可以说是希腊文明最早的发生地。在大概公元前 1600 年左右,从北方开始陆续有一些入侵者进入希腊半岛,到了公元前 1400 年左右,这些入侵者就摧毁了克里特文明。当然，此前克里特文明本身也经过了地震、海啸等自然灾害。

公元前1400年以后，迈锡尼地区开始崛起了一个新的迈锡尼文明。迈锡尼文明是北方人建立的，他们从北方来到希腊本土，在希腊南端的伯罗奔尼撒半岛定居，建立了迈锡尼以及其他一些城邦，这样就形成了以迈锡尼为主的第二个文明阶段。在迈锡尼文明时期产生了一个非常重要的文化成果，那就是迈锡尼文明的建立者阿卡亚人从北方带来了一种宗教，这个宗教信仰因为其神的居所在希腊北部一座叫奥林匹斯的山上，所以就被后人们称作奥林匹斯宗教。

奥林匹斯宗教自迈锡尼时代来到希腊半岛开始流行以后，很快就扩展到整个爱琴海世界。在这样一种宗教的影响之下，希腊文明就开始蓬勃发展起来了。虽然迈锡尼文明在不久以后又被一些更野蛮的北方入侵者多利亚人给毁灭了，导致了希腊三百多年的黑暗时代，但是到了公元前8世纪以后，一个新兴的希腊文明开始产生，而这个文明就是在奥林匹斯宗教的影响之下发生的。我们把这样一个奥林匹斯宗教，也就是希腊的宗教或者说神话，它是如何影响到希腊后来出现的各种文化形态，简单地给大家做个介绍。

大家可能知道西方最早的文学作品是两部史诗，一部叫《伊利亚特》，一部叫《奥德修纪》，统称为"荷马史诗"，据说是一个叫荷马的盲人游吟诗人通过游吟传唱的方式唱出的。而这两部史诗产生的时代，就是荷马生活的时代，应该是在公元前9世纪到前8世纪的这段时间，也就是北方的多利亚人入侵导致的黑暗时代。尘埃尚未完全落定，新兴的希腊城邦文明还在一个黎明的萌芽阶段，就是在这样一个青黄不接的时候，"荷马史诗"把迈锡尼时代就已经开始在希腊大地上流行的神话传说传承给了后来的城邦时代的人们。所以在后来希腊城邦出现并发展到比较高的水平以后，希腊有一个著名的历史学家希罗多德，被称为历史学之父，他在他写的《历史》这本书里面就谈道："我们生息在荷马、赫希俄德这些游吟诗人的气息之中。"可见正是通过奥林匹斯神话,以及对其加以渲染、夸张,并系统表述的"荷马史诗",古代的爱琴文明和后来的希腊城邦文明才连接起来。后来,在"荷马史诗"的基础上,就渐次出现了抒情诗。

"荷马史诗"是叙事诗,是讲故事的,讲一场叫作特洛伊的战争,无论是希腊的英雄、特洛伊的英雄还是奥林匹斯的神灵都参与了这场战争。这场战争构成了希腊神话的一个重要源泉,以至于今天我们在西方的艺术博物馆里看西方的艺术品,会发现无论是雕塑还是绘画,主要取材于两类题材,一类就是以"荷马史诗"为核心的希腊神话传说,还有一类就是后来出现的基督教的一些故事。所以从这个意义上来说,如果我们不了解希腊神话传说,我们走进西方的艺术殿堂就会两眼一抹黑,只能看到形式,不能把握其内容。

我们说奥林匹斯宗教最早通过"荷马史诗"这种叙事诗讲故事,讲英雄和英雄之间的战斗、神和神之间的战斗、英雄和神之间的战斗，把古代的一个已经遗失的文明的历史展现在后世人面前。后来希腊城邦时代的人们就是通过一代一代听着"荷马史诗"，有了新兴的希腊文字以后又把它记载成文，一代一代地阅读，开始告别蛮荒走向文明的。所以"荷马史诗"以及诸如此类的一些不知名的游吟诗人共同传唱的这种以神话传说为主要题材的叙事诗，构成了希腊文明最早的文化教养。

在史诗、叙事诗的基础上，公元前8世纪的时候，希腊开始出现了一个非常重要的活动——奥林匹亚竞技会，就是我们今天四年一届的奥林匹克运动会的前身。奥林匹亚竞技会是全古希腊世界影响最大的盛会。大家可能有所不知，古希腊不是一个国家，它是由若干个城邦共同组成的一个文化统一体，这些城邦遍布整个爱琴海世界，乃至整个广阔的地中海世界，包括今天的希腊、土耳其小亚细亚的沿海地区、北非、西西里岛和南意大利、法国高卢等地。而这些彼此分散、政治上各自独立的希腊城邦是靠什么东西凝聚在一起的呢？主要就是靠一些共同的文化因素，其中最重要的就是奥林匹斯的宗教信仰，对以宙斯为首的，包括阿波罗、波塞冬、雅典娜、阿尔忒弥斯、阿芙洛狄忒等神的奥林匹斯诸神的信仰。

奥林匹克运动会来源于古代的奥林匹亚竞技会，而奥林匹亚竞技会就是对北方奥林匹斯山上诸神进行顶礼膜拜的盛会。奥林匹斯诸神的特点是肌肉发达、身材伟岸、所向披靡、战无不胜，希腊人崇拜这些神，也就极力模仿这些神，极力让自己的身体像神一样伟岸，让自己在战场上的战争技能像神一样超群，所以他们就通过一种和平的方式，把这种战争的技能表现出来。体育竞技就是古希腊人在模仿、崇拜北方奥林匹斯山上诸神的过程中，产生的一种展示战争技能、表现身强体壮的活动。古代奥林匹亚竞技会从公元前776年开始，每四年一届，雷打不动，一共举行了1100多年，293届，可以说比现在的奥林匹亚与现代奥林匹克运动会影响更大。竞技会在古希腊是一种精英社会的活动，参加者都是城邦的精英贵族青年，他们平时在战场

第一讲 奥林匹斯宗教作为古希腊文明的渊源

三个跑步的人
阿提卡黑绘双耳瓶局部,陶,公元前333—前332
大英博物馆

上叱咤风云,闲时就会在奥林匹亚竞技场上一展身手。因此,这个竞技会是一种阳春白雪的活动,一般的城邦民众无缘参加,妇女更是被排斥在这一高雅神圣的殿堂之外,因为古希腊社会到了城邦时代已经是一个男权社会,妇女已经没有地位了,妇女既不能参与政治生活,也不能参与像奥林匹亚竞技会这样重要的崇高典雅的活动。

在这样的情况下,由于竞技会的影响,就激发了希腊其他文化形式的出现,比如说另外一种诗歌形式——抒情诗,就是赞美神灵、赞美英雄、赞美模仿神灵和英雄的那些奥林匹亚竞技场上的运动员。与此相应,希腊雕塑艺术的出现也被极大地激发了。因为奥林匹亚竞技会在古代的时候只有男人参加,没有女人参加,它是一场裸体运动,在运动场上一丝不挂,就是为了表现自己的身体有多么强壮,自己的肌肉有多么发达,自己的身形是多么矫健。这种裸体运动四年一届,而且在当时,不仅有奥林匹亚竞技会,还有诸如此类的其他全希腊的运动会,比如皮提竞技会、伊斯米竞技会、奈美竞技会等,还有很多地方性的竞技会。于是，这些一丝不挂的运动员美好的身体就极大地激发了艺术家们对人体的临摹能力，所以希腊的造型艺术登峰造极。

众所周知，法国卢浮宫作为当今世界艺术瑰宝的顶级殿堂，收集了古往今来东南西北数不胜数的艺术瑰宝，但是在汗牛充栋的艺术瑰宝中，有三件被称为镇馆之宝，而其中居然有两件是古希腊的雕塑，一件是《米洛的阿芙洛狄忒》，老百姓通常把它叫作"断臂的维纳斯"，一件叫《萨莫色雷斯的胜利女神像》，有翼无头的胜利女神像，可见希腊的人体雕塑水平达到多么高的程度。

所以我们说奥林匹亚竞技会不仅激发了抒情诗，而且也极大地推动了人体雕塑艺术的发展，因为那些美好的人体司空见惯，给艺术家带来了莫大的灵感启发。当然随着对奥林匹斯宗教的崇拜，各种各样的神庙建筑也在希腊各城邦拔地而起，我们现在仍然可以看到在希腊到处都有巍峨的神庙建筑。古希腊有三种主要的公共建筑形式，一个是神庙，一个是运动场，这两个都跟奥林匹亚竞技会和奥林匹斯宗教崇拜有关系，而奥林匹亚竞技会本身也是对奥林匹斯宗教崇拜的一个结果，所以我们说奥林匹斯宗教也就是希腊的神话，对整个希腊的各种文化形态产生了重要的影响，而希腊第三大公共建筑形式就是剧场，这就跟我们马上要讲到的悲剧相关。

从最早的"荷马史诗"叙事诗，到后来的奥林匹亚竞技会，再到表现模仿神灵的奥林匹亚竞技会的运动员而产生的造型艺术，以及为讴歌这些运动员而出现的抒情诗，还有供奉神灵的神庙，这一系列都是在希腊神话、希腊宗教基础上产生的。但无论是奥林匹亚竞技会，还是人体雕塑、抒情诗、神庙建筑这些艺术形式，主要还是上层社会的、带有精英色彩、阳春白雪的。这些崇高典雅的活动是拒斥老百姓的，特别是妇女，她们被完全排斥在这个神圣的殿堂之外。可是妇女们和下层社会的老百姓们也得有他们的文化生活，那么他们的文化生活是什么呢？

这下我们就要谈到悲剧了。悲剧在某种意义上是一种下里巴人的大众活动的产物。古希腊人尤其是精英社会崇拜的是奥林匹亚，是以宙斯、波塞冬、雅典娜、阿波罗等神为主的奥林匹斯神族，他们被认为是居住在北方奥林匹斯山上的一个家族。但是希腊民间崇拜的是一些古老的神祇，这些神曾经在克里特或迈锡尼早期时期统治希腊。但是后来随着奥林匹斯诸神的崛起，这一批老的神就开始被打入地下，成了老百姓崇拜的、不能登大雅之堂的神。所以希腊有两种宗教崇拜，一种是精英的奥林匹斯宗教，这种宗教产生了奥林匹亚竞技会、抒情诗、人体雕塑艺术、神庙建筑，这都是比较高雅的阳春白雪；还有一种宗教崇拜是属于民间老百姓的，这种宗教最初是跟酒神崇拜连在一起的——在希腊有一个酒神狄奥尼索斯。对酒神的崇拜本来是民间不能登大雅之堂的一种比较粗野的崇拜形式，它导致了悲剧最初的产生。所以悲剧和抒情诗、人体雕塑、奥林匹亚竞技会最初是来自两个不同的起源，可以说一个是俗，一个是雅；一个是下里巴人，一个是阳春白雪。以上就是我讲的古希腊悲剧的第一个问题,希腊神话与希腊文化之间的关系,也就是希腊的宗教是如何深刻地影响希腊的史诗、叙事诗、奥林匹亚竞技会、抒情诗、建筑、雕塑,以及我们马上要讲的悲剧的出现。

第二讲

酒神崇拜与古希腊悲剧的产生

下面我来讲古希腊悲剧的第二个问题，酒神崇拜与希腊悲剧的产生。我们在讲第一个问题时谈到了古希腊的奥林匹亚竞技会及古希腊各种各样的其他艺术形式如诗歌、雕塑、建筑都源于对奥林匹斯宗教的信奉。同样，悲剧的产生最初也跟奥林匹斯宗教崇拜有关系，但它却是另外一种形式。我们前面讲到，像奥林匹亚竞技会这一类的活动带有阳春白雪色彩，一般都是城邦里面的精英、贵族青年四年一届一展身手的场合。而雕塑也都是以神灵、英雄、奥林匹亚竞技会上的运动员作为模仿与创作的对象，所以都带有一种精英社会的色彩。而普罗大众，尤其是妇女被排斥在这些崇高典雅的活动殿堂之外，不能参与这些精英社会的活动。

在这样的情况下,普罗大众也需要他们的文化生活,所以从很早的时候开始,在希腊民间就出现了对酒神狄奥尼索斯的崇拜,而这种崇拜发展为一种狂欢秘祭,正是在这种看起来非常粗野的狂欢秘祭活动中,产生了后来美轮美奂的希腊悲剧。酒神狄奥尼索斯是第二代奥林匹斯神,他是宙斯的儿子,但是他的母亲是一位国王的女儿。与另一位在希腊社会享有盛誉的第二代奥林匹斯神——太阳神阿波罗不同,阿波罗是文艺之神,特点是崇高典雅,而酒神狄奥尼索斯的特点是形象比较猥琐。为什么会出现这么大的差异?实际上阿波罗作为奥林匹斯诸神第二代里面最重要的代表之一,始终跟精英社会是联系在一起的,所以在很多地方都有阿波罗神庙,阿波罗和雅典娜是奥林匹斯诸神第二代里影响最大的两位。

而酒神狄奥尼索斯和阿波罗、雅典娜这些始终在主流社会吃香喝辣的神完全不一样,他从出生的时候起就经历了很多苦难。而正是因为他与老百姓一样有很多苦难的生活经历,人们就对这位其貌不扬的神投入了更多的同情。但是在希腊的主流社会，狄奥尼索斯往往是不能登大雅之堂的，所以他更多成为民间老百姓崇拜的对象。而在希腊民间的记载中，早在公元前6世纪前就盛行一年一度的酒神节。在酒神节这一天，人们会举行一种狂欢秘祭，大家都来模仿受难的酒神。因为酒神曾经历过死而复生的过程，经历过被老一代的泰坦神族撕裂而后又复活的这样一种奇异的过程，因此到一年一度的酒神节的时候，民间的老百姓，尤其以妇女为主，就头戴青藤花冠，身披山羊皮——山羊是酒神的祭物，大家成群结队来到荒郊野外，举行通宵达旦的狂欢秘祭活动。酒神顾名思义是主管酒的神，希腊的酒主要是葡萄酒，所以酒神的形象总是步履蹒跚、醉态朦胧，一手拿着葡萄藤，一手拿着酒杯，经常处在一种醉酒状态，并且在醉酒以后会说出一些比较轻佻放荡甚至淫邪的话语，而这些话语在民间老百姓中是大受欢迎的。

诚如高雅的抒情诗是主流贵族精英社会流行的艺术形式，酒神的这些民间的俚语，这些粗俗、轻

跳舞的酒神狂女（Maenads）
古希腊红绘双耳大饮杯局部，陶，约公元前 330—前 320
大英博物馆

佻甚至淫邪放荡的语言，却是老百姓非常喜闻乐见的。人们在酒精的刺激下处在一种迷狂状态，载歌载舞，手舞足蹈，他们会把从山下带来的一些小动物比如山羊，或者在山上抓住的小鹿、小兔子当众撕裂，然后血水淋漓地吞噬下去，模仿酒神被老一代的泰坦神族撕裂吃掉的情节，而后又在酒精的催眠作用之下重现酒神复活的情景。这纯粹是一种宗教崇拜活动。

酒神狂欢秘祭无意中酝酿了一种新的艺术形式，就是表演。而在表演中产生了两种不同的戏剧形式，一种叫悲剧，一种叫喜剧。最初这两种戏剧形式源于酒神狂欢秘祭里的酒神颂歌和即兴表演。酒神颂歌主要就是模仿酒神死而复生的历程，后来推而广之也模仿其他的神以及英雄受苦受难的过程，从而发展为悲剧；而即兴表演就是一种比较轻松的插科打诨，而且往往带有一点放荡淫邪的特点，也就是拿民间老百姓比较喜欢的张三、李四之间的一些粗俗的故事题材为噱头展开，更多带有一种性色彩、性意味，最后逐渐发展为喜剧。所以悲剧和喜剧都是在崇拜酒神狄奥尼索斯的狂欢秘祭的过程中产生的。最初这些活动完全是民间的，不能登大雅之堂，这样就形成了雅俗两个不同社会的两种不同的艺术形式。

到了公元前6世纪后半叶，雅典出了一位僭主叫庇西特拉图。这个人虽然用非法的手段获取了政治权力成为僭主，但是对雅典工商业的发展以及文化艺术的繁荣昌盛起到了重要推动作用。这位庇西特拉图在公元前534年，第一次让这种民间的粗俗表演形式在一年一度的酒神节上正式上演，还配上了一个半专业的合唱队，有了最早的演员也是剧作家，叫应和人。于是，本来是民间完全自发的粗俗活动转化为可以登大雅之堂的公开表演形式，由一个应和人和十五个群众组成的合唱队之间，通过一唱一和相互应答的方式把这种表演的艺术形式搬上舞台，戏剧由此产生。

最初产生的是悲剧，从酒神颂歌里出现的对酒神以及其他神和英雄的悲惨经历的一种再现，一种

第二讲 酒神崇拜与古希腊悲剧的产生

悲剧与喜剧舞台面具
马赛克,公元2世纪
卡比托利欧博物馆

重演。后来随着悲剧逐渐在雅典登上了大雅之堂，其他希腊各城邦也纷纷效仿。到了公元前5世纪，悲剧之父埃斯库罗斯的时代，就开始把一个应和人变成了两个应和人，两个演员和合唱队构成了一共三个角色之间的互动。然后到了希腊第二大悲剧家索福克勒斯的时代，就开始出现了三个演员，可以更充分地互动了。于是演员和演员之间的对白就逐渐取代了合唱队的唱段以及合唱队和演员之间一应一答的互动形式；以唱歌为主的合唱就日益演变为以对白、说、语言为主的戏剧。戏剧悲剧最初就是这样从民间的酒神狄奥尼索斯崇拜活动里面产生的，当然产生的不仅是悲剧，还有喜剧，只不过悲剧最初在雅典以及其他城邦得到了推崇，可以大行其道，而喜剧一开始并未获得青睐，在较晚的时候才开始取代悲剧的风头，那是后话了。这就是我们讲的古希腊悲剧的第二个问题，也就是酒神崇拜与希腊悲剧的诞生。

第三讲

古希腊悲剧的命运主题

古希腊悲剧的第三个问题就是命运主题。古希腊悲剧和近代悲剧以及现代悲剧不同的地方到底在哪里?古希腊悲剧最主要的核心思想也即它的主题是什么?这一讲我们要重点展现出命运在古希腊悲剧中的重要意义。古希腊的著名思想家亚里士多德在总结悲剧时提到悲剧有六个要素,第一个是情节,第二个是性格,第三个是思想,第四个是言语,第五个是唱段,第六个是戏景也就是剧场的场景。亚里士多德认为最重要的是情节,情节当然就是整个故事展开的过程,而在希腊悲剧的情节背后有个很深刻的东西,那就是关于命运的思想。

虽然亚里士多德认为希腊悲剧最重要的是情

节，情节是最基本的要素，但是情节展开的过程中一定要凸显出一个思想，因为悲剧不仅仅是讲一个单纯的故事，它本身一定有一个主题蕴含贯穿于其中。亚里士多德在强调希腊悲剧情节的意义上，特别强调情节的整一性，也就是所谓情节必须严谨、必须完整，而且必须在一定的长度之内完成。到了近代，在亚里士多德的情节整一性的基础上发展出近代悲剧最重要的一条原则，即三一原则或三一律，就是情节统一、地点统一、时间统一，三个都要一致，都是在一个比较精短、精简、精悍的时间跨度之内，在一个幅度之内完成的。而亚里士多德虽然主要强调希腊悲剧的情节，强调它的情节整一性，但是在情节的展开过程中一定要突出一个思想。我个人认为希腊悲剧和后来的悲剧最重要的不同，就在于情节背后的深刻思想，而思想本身也是亚里士多德说的六个要素之一。这个思想主要体现在哪里？就体现在希腊悲剧中始终贯穿的烘托命运的主题。

19世纪初，拿破仑和德国大文豪歌德有一段对

第三讲　古希腊悲剧的命运主题

《亚里士多德与荷马半身像》
伦勃朗，布上油画，1653，143.5cm×136.5cm
大都会艺术博物馆

话，拿破仑认为从古代到现代的历史与人生的重大变化就在于古代整个历史是受命运支配的，而现代更多是受人的力量，也就是性格以及道德所影响。这个总结是非常精辟的。古希腊悲剧的情节固然充满了跌宕起伏，但是在这些跌宕起伏背后始终有一个永恒的主题，那就是命运。所以希腊悲剧更多不是表现好人和坏人、善良和邪恶这种道德力量之间的冲突，而是处在好坏之间，既谈不上是好人也谈不上是坏人，既有优点又有缺点的这样一个标准意义上的人，他和一个不出场的巨大的力量——命运之间的冲突。提升到哲学高度来谈，那就是悲剧主人公的自由、自由意志和背后某种看不见的必然性，也就是命运之间的冲突，这是希腊悲剧的永恒主题。我觉得，这样一种冲突比西方后世出现的悲剧显得更加大气磅礴，也正因为此导致了剧情的发展更加跌宕起伏、一波三折、荡气回肠。

跟古希腊悲剧不一样，近代悲剧更多强调好人和坏人、善良和邪恶之间的冲突，也就是说好人由于坏人的陷害而遭受了不幸。比如莎士比亚的《哈姆莱特》，哈姆莱特本人是个好人，虽然他性格上有一些延宕的弱点，但总归来说是个好人。他的母亲也是个好人，虽然意志比较薄弱，而他的叔叔克劳狄斯一出场就是个坏人，杀害了哈姆莱特的父亲，篡夺了王位，霸占了哈姆莱特的母亲，还要把哈姆莱特置于死地。所以整个悲剧就是在善良的哈姆莱特和邪恶的克劳狄斯之间展开，最后克劳狄斯设计害死了哈姆莱特。当然哈姆莱特临死之前也报了仇，杀死了克劳狄斯，但是毕竟哈姆莱特自己作为一个牺牲品死掉了，也就是说一个善良、正面的人物最后获得了一个悲剧的下场，遭受了悲剧命运。莎士比亚另外一部著名的悲剧《奥赛罗》也是这样，奥赛罗虽然有些性格上的弱点，但他是个好人，他的妻子苔丝狄蒙娜更是一个一尘不染、纯洁无瑕的善良女子。而意大利人亚戈一出场就是个坏人，他设计的计谋陷害了奥赛罗和苔丝狄蒙娜。虽然他自己最后也遭到了正义的惩罚，但是毕竟善良的力量被泯灭了。所以近代悲剧更多突出的是善良和邪恶、好人和坏人两种不同的道德力量之间的冲突，两种不同的自由意志之间的冲撞。

古希腊悲剧不是这样，古希腊悲剧里面没有明显的好人和坏人，没有明确的善良和邪恶之间的冲突，冲突的整个主题是悲剧主人公的自由意志和潜藏在背后不出场的一个巨大的无所不能的力量——命运之间的冲突。这就是近代悲剧和古希腊悲剧不同的意境、不同的主题。这样一种对悲剧的理解，我认为比近代把悲剧仅仅局限在道德范畴内，局限在善良和邪恶这两种不同的道德力量之间的冲突的理解更加深刻。它从根本上涉及悲剧的本体性的根源，涉及悲剧由以产生的形而上的根源，所以在希腊悲剧里面包含着极深的哲学思想。这一点我们在后面也会给大家展现，就是希腊哲学直接受到希腊悲剧的启发而开始登上高峰。所以希腊悲剧本身就是哲学，它通过一种意象的形式展现了深刻的哲学思想。从某种意义上来说，人生在世面临着各种各样的悲剧，我们好好地检讨一下，很多悲剧到底是坏人陷害导致的，还是由我们自己认知上的局限、我们性格上的某种弱点、我们人类的某种有限性而导致的？哪种可能性更大？

第三讲 古希腊悲剧的命运主题

简单地说,在我们的日常生活中,更多的悲剧不是发生在一个好人和一个坏人之间,不是由于坏人从外面陷害我们导致的,而往往是在两个好人之间、两个并不邪恶并不坏的人之间不可避免地爆发了悲剧。比如说夫妻之间、兄弟之间、母女之间、父子之间、朋友之间、同事之间,双方没有一方有邪恶意志,但他们之间却不可避免地爆发了悲剧。这个时候我们就更应该检讨,悲剧的原因主要不是由某种道德力量导致的,而是我们人由于人生的某种有限性,由于我们作为一个自由意志的主体,自由意志本身的有限性而导致的。因为在我们的自由意志背后有一个巨大的未可知的必然性的力量,某种作为命运、作为必然、作为一种强烈的决定性的因素主宰着我们,我们却浑然不知。所以如果有了这样一种意识,我们面对悲剧就会更加坦然,我们就会以一种更加积极健康的姿态来面对人生的悲欢离合,面对人生的悲剧结局。所以我想这就是希腊悲剧对我们的重要启示,也就是希腊悲剧的命运主题所展现的无尽魅力。关于这一主题是怎样具体展开的,我们下面就依次进入古希腊三大悲剧家——

埃斯库罗斯、索福克勒斯、欧里庇得斯的悲剧中来探索一下命运和自由意志之间的冲突,探索一下希腊悲剧的命运主题的无穷魅力和带给我们的重要人生启迪。

第四讲
埃斯库罗斯的悲剧

下面我将会给大家依次讲述三大悲剧家各自悲剧的特点、思想、风格。我们首先来讲埃斯库罗斯最主要的两部悲剧,通过分析他的悲剧的剧情,来展现他悲剧的一些主要的思想特征。古希腊的三大悲剧家,可能今天我们一般知之甚少。但我举一个例子,我们前面讲到巴黎卢浮宫汗牛充栋的艺术瑰宝里面,镇馆三宝就有两件是古希腊的雕塑。同样在西方被称为悲剧大师的人一共就是四个,屈指可数,而这四个悲剧大师里面居然有三个是古希腊的,只有一个莎士比亚是近代的,由此可见古希腊的悲剧达到了多么高的水平。我们一般都知道莎士比亚,但是我们可能不知道埃斯库罗斯,实际上等我展现了埃斯库罗斯的悲剧

埃斯库罗斯半身像
大理石，希腊青铜像（公元前340—前320）的罗马复制品，
约公元前30
那不勒斯国家考古博物馆

第四讲 埃斯库罗斯的悲剧

以后,我们可以看到莎士比亚的悲剧,从剧情、形式、气氛乃至于语言,很多东西都是深受埃斯库罗斯悲剧的影响。所以下面我就系统地给大家介绍一下希腊第一大悲剧家埃斯库罗斯以及他的悲剧。

埃斯库罗斯是生活在公元前6世纪到公元前5世纪的希腊悲剧家,是一位雅典的公民,他生活的那个时代,雅典的民主制正好处在鼎盛时期。在他出生以前,雅典已经开始在希腊诸城邦里脱颖而出。后来希腊和波斯之间发生了希波战争,雅典领导希腊各城邦团结起来打败了波斯的入侵,在两次希波战争中都扮演了重要的领导者角色。埃斯库罗斯生活的时代就是雅典领导希腊各城邦打败了波斯入侵者、重建家园的时代,正好处在一个意气风发的状态之中,国家兴旺发达,经济繁荣昌盛,而文化也进入鼎盛时期。埃斯库罗斯的剧作充分表现出他所生活的那个时代雅典的社会风貌,尤其是深刻地表现出当时雅典以及希腊各城邦人民对奥林匹斯诸神的强烈崇拜。正是由于对奥林匹斯诸神的这种崇拜，使得埃斯库罗斯的悲剧充满了对命运的讴歌，强调和渲染命运不可战胜的巨大威力。所以埃斯库罗斯的悲剧更多表现出对命运的巨大力量的一种顺从、一种赞美、一种讴歌。这和后来的第二大悲剧家索福克勒斯，以及第三大悲剧家欧里庇得斯有着很大的差别。

为了说明这一点，下面我就举埃斯库罗斯的两部最主要的悲剧为例。埃斯库罗斯一生创作了七十多部悲剧，但是留到后世的只有七部，而这七部悲剧里边还有三部是三部曲，叫三联剧，所以真正留下来的也就是五部。下面我就来分析一下埃斯库罗斯早年的一部悲剧和他晚年最后的一部悲剧。埃斯库罗斯早年有一部中国人非常了解的悲剧，叫《被缚的普罗米修斯》，或者叫《被束缚的普罗米修斯》《被捆绑的普罗米修斯》。这个悲剧取材于希腊神话传说中的一个著名故事。在这里我要顺便说明一下，希腊悲剧几乎全部取材于神话传说，取材于《荷马史诗》那个时候就已经开始流传的关于奥林匹斯诸神以及英雄的神话传说故事，很少会涉及现实问题。据我所知，也只有埃斯库罗斯曾经写过一部关于希波战争的悲剧《波斯人》。《被缚的普罗米修斯》是埃斯库罗斯早年的一部成名作，讲的是老一代的神灵中有一个叫普罗米修斯的，他曾经帮助宙斯打败了宙斯上一代的泰坦神，使得宙斯成为众神之王，因此他是有功于宙斯的。但是由于普罗米修斯盗天火给人间，给人类带来光明，因而违背了天条，所以宙斯惩罚他，把他捆绑在高加索的山崖上。这个《被缚的普罗米修斯》是一部三联剧的第二部，但是第一部和第三部已经遗失了，仅存第二部流传后世。第一部《盗火的普罗米修斯》讲的是普罗米修斯怎么把天火盗给人间，使人类得以用火，可以吃上熟食，实际上是极大地推动了人类文明的发展。第三部也遗失了，叫《解放了的普罗米修斯》。

第二部《被缚的普罗米修斯》讲的就是在普罗米修斯盗天火给人间后，宙斯惩罚普罗米修斯，把他绑在高加索山的山崖上，派一只恶鹰每天来啄食他的肝脏。因为普罗米修斯是神，在希腊神话里面

《普罗米修斯》

尼古拉-塞巴斯蒂安·亚当（Nicolas-Sébastien Adam），大理石，1737，高 115cm

卢浮宫

是不死的，所以宙斯只能折磨普罗米修斯的肉体。白天普罗米修斯的肝脏被恶鹰啄得稀烂，到了晚上又长好痊愈，于是第二天鹰又来，如此日复一日地折磨普罗米修斯。除了盗天火，宙斯惩罚普罗米修斯还有一个重要的原因，那就是普罗米修斯是希腊诸神之中唯一知道未来事情的先知。

普罗米修斯这个词在希腊语里就是先知的意思，而在希腊诸神里面，唯有普罗米修斯能知道未来的事情，宙斯纵然贵为众神之王，仍然不知道自己未来会如何。而普罗米修斯掌握着一个巨大的秘密。因为宙斯成为众神之王是通过取代他的父亲泰坦神的神王克洛诺斯而上位的，而克洛诺斯同样也是取代了自己的父亲乌拉诺斯。所以从乌拉诺斯到克洛诺斯再到宙斯，这三代神王的更迭本身就有一个子承父业的关系，而且是以一种暴力的方式，以一种革命的方式，儿子取代父亲，然后成为诸神之王。既然宙斯是通过这种方式获得了神王的地位，那他就像他的父亲以及祖父一样，面对着被新一代的神所取代的命运。宙斯贵为众神之王，仍然不知

《被伏尔甘锁住的普罗米修斯》(*Prometheus Being Chained by Vulcan*)
德里克·凡·巴布伦(Dirck van Baburen),布上油画,1623,201cm×182cm
荷兰国立博物馆

道谁将取代他的统治，而普罗米修斯知道。所以宙斯把普罗米修斯绑在高加索的山崖上，除了惩罚他盗天火之外，更重要的原因是想逼迫普罗米修斯说出谁将取代宙斯的统治。

所以在埃斯库罗斯的《被缚的普罗米修斯》这部巨作里面，就表现了普罗米修斯被绑在高加索山崖上，宙斯派了他的使者赫尔墨斯来到高加索跟普罗米修斯谈判。赫尔墨斯代表宙斯向普罗米修斯开出条件：如果你把谁将取代宙斯的秘密告诉宙斯，宙斯将把你从高加索的山崖上解放下来，让你免受皮肉之苦。但是面对宙斯的威逼利诱，普罗米修斯不仅表现出了坚贞不屈的意志，更传达了天机不可泄露这样一种更高的精神。也就是说在普罗米修斯看来，宙斯终究会被一个巨大的力量，一个比宙斯更高，但是却无形的命运所取代。所以对着宙斯的使者赫尔墨斯，普罗米修斯阐述了命运的力量是不可战胜的：尽管你宙斯的淫威无限，你可以给我各种各样的惩罚，把我绑在高加索山崖上，用各种狂风暴雨、雷霆万钧的力量来折磨我，但是终究有一天命运会结束你的统治,会终止你的暴力,你的统治会被另一个神所取代。这样就表现出一种命运至高无上的力量,用普罗米修斯的一句台词来说,就是技艺的力量无论如何也胜不过定数,表现了命运的不可抗拒性。普罗米修斯受尽苦难,最后苦尽甘来,一直到最后命运的力量推翻了宙斯,普罗米修斯才真正得到解放,这就是《被缚的普罗米修斯》里面表述的深刻的命运思想。

但有可能是埃斯库罗斯本人的妥协,在我们所知道的遗失了的第三部《解放了的普罗米修斯》里,普罗米修斯居然把这个天大的秘密告诉了宙斯:如果你和大海女神忒提斯结婚,你们俩生的孩子将会推翻你的统治。所以宙斯当时就避免了这场可怕的婚姻,把忒提斯嫁给了一个人间的国王珀琉斯,他们俩结合生下了天下第一号大英雄,特洛伊战争的主角,希腊联军中最强大的英雄阿喀琉斯,但他只是个凡人,只是个英雄,不可能推翻宙斯的统治。这样宙斯就避免了被推翻的悲剧结局,而命运不可战胜本是《被缚的普罗米修斯》主要的内涵,第三部《解放了的普罗米修斯》最后以妥协的方式解除了命运的威力。但那是埃斯库罗斯早年的著作,在他晚年的著作里,最经典的一部就是《奥瑞斯提亚》三部曲,在这一部著作里,埃斯库罗斯关于命运的思想得到了更进一步的提升。这个时候埃斯库罗斯作为一个成熟了的悲剧家,他在《奥瑞斯提亚》三部曲里表现了一种更加惊心动魄的命运决定人的思想。

《奥瑞斯提亚》三部曲取材于古希腊一个非常重要的显贵家族,这个家族生活在希腊当时一个非常重要的国家迈锡尼。我们前面讲过,希腊整个文明的发展经历过迈锡尼时代,而《奥瑞斯提亚》三部曲就是取材于迈锡尼国王阿伽门农家族的一段悲剧故事。《奥瑞斯提亚》三部曲第一部叫《阿伽门农》。阿伽门农是当年特洛伊战争的希腊联军三军统帅,率领希腊各个国家组成的联军穿越爱琴海去攻打特洛伊,打了十年艰苦卓绝的特洛伊战争,最后用希腊联军里一个充满智慧的英雄奥德修的木马计把特洛伊城给打了下来。《阿伽门农》讲的就是阿伽门农把特洛伊攻下来以后,将财物劫掠一空,然后带着战利品、一位叫卡桑德拉的女巫凯旋,回到自己的家乡迈锡尼,与自己阔别十年的妻子以及其他亲人团聚。而就在他回到迈锡尼的当天晚上,就被他的妻子克吕泰涅斯特拉勾结情人埃及斯托斯用诡计杀死在浴缸之中,死于非命。

这里边当然有一个伏笔,因为古希腊人对希腊悲剧讲的这些著名的神话传说故事的背景都是非常了解的,但是今人可能不知道,所以我要简单地介绍一下,为什么阿伽门农凯旋之后与阔别十年的妻子相聚,却在当天晚上被妻子勾结情人杀死了。原因是在十年之前,阿伽门农作为三军统帅率领希腊联军出征的时候,由于得罪了狩猎女神也是月亮女神阿尔忒弥斯,所以他得不到风。于是三军在爱琴海的西岸集结整装待发,但是由于没有风,所以不可能顺利地越过爱琴海到东岸去攻打特洛伊。当时希腊人非常相信神明,在这样的情况下,他们派人到希腊一个著名的求神谕的地方,德尔菲的阿波罗神庙去求神的指示。在求神谕的过程中,阿波罗就通过他的祭司向阿伽门农派来的使者颁布了一条神谕，说是由于阿伽门农射杀了狩猎女神阿尔忒弥斯的一只鹿，因此得罪了阿尔忒弥斯。阿尔忒弥斯是月神，主宰风，所以她不给阿伽门农风，除非他把亲生女儿拿来献祭，把她作为替代品献给神灵，否则神永远不会给阿伽门农风，阿伽门农永远过不了爱琴海。

在这样的情况下，阿伽门农作为三军统帅，为了国家大义，为了打赢特洛伊这场战争，不惜把自己的亲生女儿献祭给神。此举极大地得罪了他的妻子克吕泰涅斯特拉。在这部悲剧里面，实际上反映了一个很重要的社会原则的转变，就是在那个时候仍然有一些母权社会的遗存。也就是说对于一个母亲来说，女儿是自己的亲生骨肉，而丈夫只是萍水相逢。所以当自己的女儿被丈夫拿去献祭以后，妻子从此怀恨在心。十年以后阿伽门农凯旋的当晚，妻子克吕泰涅斯特拉就勾结情人把阿伽门农杀死在浴缸之中。这就是三部曲的第一部所讲的故事情节以及它的背景。

《克吕泰涅斯特拉杀死熟睡的阿伽门农之前犹豫不决》(*Clytemnestra Hesitates Before Killing the Sleeping Agamemnon*)
皮埃尔-纳西斯·格林(Pierre-Narcisse Guérin),布上油画,1817
卢浮宫

第二部《奠酒人》讲的故事主要情节就是阿伽门农被杀以后，阿伽门农有一个从小就失散在外地的儿子，后来长大成人，回到迈锡尼，为自己的父亲阿伽门农报仇。回到迈锡尼以后，他来到父亲的墓前祭奠父亲，所以叫《奠酒人》，就是祭奠父亲的奠酒人。在《奠酒人》里面，阿伽门农的儿子也就是这一部悲剧的主角叫奥瑞斯忒斯，而这部悲剧三部曲叫《奥瑞斯提亚》，就是关于奥瑞斯忒斯的故事的意思。奥瑞斯忒斯回到了迈锡尼，来到父亲的坟前，在祭奠父亲的过程中与他失散多年的姐姐骨肉相逢。两个人凭着一缕头发在父亲的坟前相认，然后姐弟联手深入宫中，杀死了母亲的情人埃及斯托斯。而且奥瑞斯忒斯还亲手杀了自己的母亲为父亲报仇，这是三部曲的第二部。

《奥瑞斯提亚》三部曲的第三部叫《善好者》或者叫《福灵》。这一部讲的是奥瑞斯忒斯杀了他的母亲以后，遭到了古老的复仇三女神的索命。复仇三女神是站在女权原则上，站在女性的立场上向奥瑞斯忒斯索命。奥瑞斯忒斯无处逃遁，于是就受太阳神阿波罗的指引来到了雅典,在雅典有一个法庭叫战神山法庭,他在这个法庭接受以雅典城邦的保护者智慧女神雅典娜为首的十三个法官对他的审判。于是,作为原告的复仇三女神和作为被告的奥瑞斯忒斯,就在这个雅典战神山法庭上进行了被后来的思想家们称为人类历史上第一场法庭诉讼的对簿公堂。在这一场法庭辩论中,控辩双方各执一词,复仇三女神站在古老的母权原则的立场上向奥瑞斯忒斯索命,她们的理由很简单:杀人偿命。而奥瑞斯忒斯为自己杀母的行为做出辩护,他的理由是这个女人也就是她的母亲,犯了双重的谋杀罪:她既杀了她的丈夫,也杀了我的父亲。

当然"她的丈夫"和"我的父亲"实际上是一个人,这是法庭辩论技巧。然后就在这个时候,复仇三女神反驳奥瑞斯忒斯的辩护,说了一段掷地有声、理据充分的辩词。三女神向奥瑞斯忒斯明确表示:克吕泰涅斯特拉也就是你的母亲,与被她杀的男人之间没有血缘关系,但是你与被你杀的女人之间有血缘关系,所以你的母亲是没罪的,尽管她杀的是你的父亲,但夫妻之间是没有血缘关系的,而你杀的是你的母亲,因此你是有罪的,这就是复仇三女神的一个重要的理据。这个理据显然是站在以血缘关系为纽带的母权原则的基础上。这个时候阿波罗出场为奥瑞斯忒斯进行辩护,阿波罗说了一段非常重要的理据,而这一段理据就奠定了后来父权社会的基本原则。所以这一部悲剧在后来的很多思想家看来,是具有重要的社会转折意义的一场社会悲剧。阿波罗说了什么话呢?

复仇三女神当时用了一个概念叫世系,也就是说你和你的母亲是世系关系,而你的母亲和你的父亲没有世系关系,世系就是指血缘。但阿波罗的观点是真正的世系是父亲,而不是母亲。父亲播下了种子,母亲只是孕育种子的温床,所以即使没有母亲,父亲的种子仍然可以衍生出后代。而且阿波罗举了个例子,他说:我可以给你们举一个例子来证明,即使没有母亲,孩子照样可以出生,比如我们伟大的审判长雅典娜就是明证。大家可能有所不知,雅典娜作为智慧女神,她没有母亲,她是从她父亲宙斯的头脑里边产生出来的。所以阿波罗就援引雅典娜为例,说明父亲才是真正的世系,而母亲只不过就是一个保姆、一个生育者而已。父亲把种子播下,母亲只是孕育种子,所以从这个意义上来说,父亲比母亲更重要。

于是控辩双方各执一词,最后由法庭的法官们来做出最后的审判。法庭一共由十三位法官组成,即审判长雅典娜和十二位德高望重的雅典的长老,最后投票结果:十二位长老六比六,六票认为奥瑞斯忒斯有罪,六票认为无罪,最后关键的一票由审判长雅典娜投。雅典娜在投这一票的时候做了一番表述,明确表示:我虽然是个女神,但是由于我没有母亲,我事事处处都站在男人的立场上。所以这关键一票投给了奥瑞斯忒斯,奥瑞斯忒斯诉讼得胜,这个悲剧到此终结。而这个悲剧本身的意义在哪里?就在于这个悲剧标志着以血缘关系为纽带的母权社会,从此以后开始让位于以法权关系、财产继承关系为纽带的父权社会。

第四讲 埃斯库罗斯的悲剧

《奥瑞斯忒斯的懊悔》,或《复仇三女神对奥瑞斯忒斯穷追不舍》
(*The Remorse of Orestes or Orestes Pursued by the Furies*)
威廉-阿道夫·布格罗(William-Adolphe Bouguereau),布上油画,1862,
227cm×278cm
克莱斯勒艺术博物馆

从此以后希腊,当然包括其他的文明地区,可以说都经历了这样一个社会转型,也即由以母子关系为最主要的表现形式、以血缘关系为纽带的母权社会,向以财产继承关系与法权关系、父子关系为代表的父权社会的转变,所以在这个悲剧里体现了极深刻的社会思想。而这个悲剧本身还表现了一种极深刻的命运的观念,就是这个家族之所以不断地出现夫妻反目、儿子杀母亲、妻子杀丈夫,以及此前各种骇人听闻的罪过,是由于这个伯罗奔尼撒家族从第一代开始就已经埋下了罪恶的种子。所以这个悲剧始终烘托着一个主题思想,就是罪恶呼唤着惩罚,而惩罚又导致了新的罪恶,于是又呼唤着新的惩罚。如此一来,罪和罚之间的宿命就这样不断地周而复始、反复出现,乃至于在罪和罚之间好像有一个永远不可终结的宿命在里面。

由于埃斯库罗斯是希腊第一大悲剧家、悲剧之父,在他的时代演员对话的技巧、对白的能力还是有限的,只有两个演员和一个合唱队之间的互动。所以在埃斯库罗斯的悲剧里面唱段往往要多于、胜于对白，更多的是合唱队大段的唱词。这种唱词语言极其华丽，而且整个剧情渲染跌宕起伏，充满了骇人听闻的乱伦杀亲，这样的紧张气氛更多靠的是唱段的烘托。在这个三部曲中我们可以看到，唱段里大量表现了巨大的不可抗拒的命运的力量，始终都在突出这个家族是怎样冤冤相报，一代一代不断种下罪恶的种子，然后一代一代收获惩罚的结果。所以罪与罚的宿命贯穿于这个悲剧始终。

因此我们总结一下埃斯库罗斯的悲剧，无论是他早年的《被缚的普罗米修斯》，还是晚年的《奥瑞斯提亚》三部曲，都突出一个命运的主题，这个命运是不可抗拒的，是高高地悬在神和英雄的家族头顶上的一把达摩克利斯之剑，被一根细细的头发吊着，随时都可能掉下来，砍向当事者。正是这样一种对命运的烘托，对命运的强调，表现出埃斯库罗斯悲剧的主要特点。无论是宙斯将被新一代的神取代、普罗米修斯的苦难，还是《奥瑞斯提亚》三部曲里奥瑞斯忒斯杀母替父报仇，他的母亲杀丈夫、父亲杀女儿，这一系列的罪恶都是早就注定了的，而且是被命运注定以后不可改变的。

这就是埃斯库罗斯悲剧最重要的思想，也是其最大的特点，那就是命运不可战胜的巨大的威力。人在命运面前完全束手无策，无论是英雄还是人，只能听之任之，只能顺从命运，没有任何反抗的能力，也不可能产生任何相反的结果。我们可以看到，随着悲剧不断地发展，到了第二、第三大悲剧家的笔下，人们面对命运时的自由意志、人的能力、人的抗拒性越来越强，但是在第一大悲剧家埃斯库罗斯的悲剧里，始终烘托着命运不可战胜的强大规律。这就是我们讲的第四个问题，埃斯库罗斯的悲剧及其思想特点。

第五讲
索福克勒斯的悲剧

下面我来讲古希腊悲剧的第五个问题,第二大悲剧家索福克勒斯的悲剧。他的悲剧和我们刚才讲的第一大悲剧家埃斯库罗斯的悲剧已经开始有一些很明显的差异。索福克勒斯的悲剧一方面仍然在强调命运的巨大威力,另一方面又开始极力地想要表现出人在命运面前不屈不挠的精神,抗争、奋斗的精神,甚至在某种意义上是知其不可为而为之的反抗意志。可以说在索福克勒斯的悲剧里,剧情的发展以及主人公的性格特点显得更加丰富多彩。从这个意义上来说,索福克勒斯应该算是希腊悲剧登峰造极的人物,他所达到的成就在某种意义上是不可企及、不可超越的。下面我就给大家具体介绍一下索福克勒斯以及他的悲剧。

索福克勒斯半身像
大理石,公元前4世纪的希腊大理石雕像的罗马复制品
大英博物馆

第五讲　索福克勒斯的悲剧

索福克勒斯是紧接着埃斯库罗斯崛起的希腊第二大悲剧家。埃斯库罗斯作为第一大悲剧家，在公元前484年雅典举行的公开的悲剧比赛中脱颖而出，首次获得这个悲剧大师奖，因此被人们誉为悲剧之父。而索福克勒斯是在十六年以后，也就是公元前468年在悲剧比赛中战胜了埃斯库罗斯，从而被称为第二大悲剧家。索福克勒斯生活的时代是雅典民主制达到鼎盛的时代，这个时候雅典出了一位伟大的政治人物叫伯里克利，索福克勒斯和伯里克利是很好的朋友。而且索福克勒斯本人也热衷于公共生活，他曾经是雅典最高军事机构"十将军"委员会的成员。索福克勒斯还热爱运动，身体非常健壮，相貌堂堂，曾经参加过很多体育竞技活动，所以索福克勒斯是一个全才。索福克勒斯一生创造了一百一十多部悲剧，但是留存到今天也只有寥寥七部。其中最重要的两部，一部就是大名鼎鼎的《俄狄浦斯王》，另一部是《安提戈涅》。

下面我为大家分析一下这两部悲剧主要的剧情，以及在这两部悲剧里面体现出来的索福克勒斯悲剧的一些特点。《俄狄浦斯王》讲的是一个杀父娶母的故事，这个悲剧对后世影响非常大。它的故事情节相对来说比前面我们讲的埃斯库罗斯的悲剧要显得更加紧凑、更加严谨。《俄狄浦斯王》是一部单行本、单行剧，不是三部曲，讲的是一个叫底比斯的、旧译为忒拜的城邦的一段悲剧故事。底比斯的国王叫拉伊奥斯，老了以后膝下无子，盼子心切，就亲自来到希腊北方著名的德尔菲神庙，请太阳神阿波罗给他一个儿子。德尔菲神庙的女祭司代神发言，说了这么一段话：底比斯的国王拉伊奥斯，你将会得到一个儿子，但是你的儿子将会杀父娶母。除此之外别无所言。拉伊奥斯得到这么一个神谕，忐忑不安地回到了自己的城邦。果然不久以后他的妻子怀孕了，生下一个男孩。

由于神谕说这个孩子注定了要杀父娶母，而希腊人对神谕深信不疑，因此拉伊奥斯虽然盼子心切，但是仍然觉得这个儿子是个大逆不道之祸患，不能留下。所以他当时就叫了一个牧羊人，把孩子的两个脚后跟用铁链打穿，然后扔到山上去喂狼。

结果这个仆人动了恻隐之心，没有直接把孩子扔到山上喂狼，而是把他交给了在山上碰到的来自另外一个国家科林斯的牧羊人。科林斯的牧羊人带着这个捡来的孩子回到科林斯，把它献给了科林斯国王。刚好科林斯国王也没有儿子，于是就把这个捡到的孩子看作自己的儿子，抚养长大。这个孩子被送过来的时候不知道是什么来历，也不知道叫什么名字，因为收养过来的时候两个脚被铁链子打穿了，鲜血淋漓，肿得很大，于是就给起了一个随便的名字叫"肿脚的"，在希腊语里面发音为俄狄浦斯。这个孩子在科林斯的宫廷里受了很好的教育，然后长大成人，成为一个非常正直、勇敢、智慧的贵族青年。在长大以后有一次参加宴会的时候，他听到别人说他不是国王的亲生儿子，感到非常奇怪，回去问他的父王却遭到了否认。他的父王和母后都说：你不要听别人的谗言，你就是我们的亲生儿子。但是俄狄浦斯仍然心有不甘，于是不辞而别，亲自来到德尔菲神庙，请神给他解决这个问题。我们前面讲过，德尔菲神庙在希腊是享有盛誉的求神谕的最重要的地方，但凡希腊各城邦的领导人、贵族、精英遇到什么大事，往往都会亲自或者派人到德尔菲来求神的指示，即神谕。俄狄浦斯来到德尔菲神庙，向阿波罗的女祭司求神谕，追问一个问题：谁是我的父亲，谁又是我的母亲？而德尔菲的阿波罗女祭司如此回答：你的父亲就是你的父亲，你的母亲就是你的母亲，但是你注定要杀父娶母。这段话一方面加强了俄狄浦斯相信科林斯的国王和王后是他的父母的信念，而另一方面，既然注定了要杀父娶母，他从此不敢回科林斯，怕万一鬼迷心窍，干出了这种伤天害理的事情。所以他从德尔菲出来以后就走上了流浪的路途，结果在流浪途中走到一个三岔路口的时候，迎面来了一辆马车，马车上坐着一位长者带着四个仆人，马车把俄狄浦斯撞了，长者不仅不向俄狄浦斯道歉，反而还拿棍子打他。于是俄狄浦斯一怒之下就和长者以及四个仆人动起手来。俄狄浦斯是个英雄，武艺高强，最后就把长者和三个仆人打死了，还有一个仆人跑了。被他打死的就是他的亲生父亲，底比斯的国王拉伊奥斯。而俄狄浦斯浑然不知，继续往前走，经过一段颠沛流离，最后就来到他真正的母邦底比斯。

《俄狄浦斯与斯芬克斯》
让－奥古斯特－多米尼克·安格尔，布上油画，1808，189cm×144cm
卢浮宫

这个时候底比斯刚好遭遇一场灾难，有一个狮身人面的怪物斯芬克斯盘踞在底比斯城门门口，向所有进出城的人提出一个奇怪的问题：什么东西早上四只脚，中午两只脚，晚上三只脚？凡是不能回答这个问题的人，都被这个狮身人面的怪兽斯芬克斯吃掉了，所以底比斯人民都不敢出城。这个时候正好俄狄浦斯来到底比斯，俄狄浦斯非常有智慧，面对这样的问题，稍微沉吟了一会儿就回答出来了。他回答说这是人，早上就是指人刚出生，手脚并用地爬就是四只脚，中午就是指人长大了用两只脚走路，到了晚上就是指人到了垂暮之年，拄上一根拐杖变成了三只脚。斯芬克斯以智慧著称，没想到自己的谜语居然会被轻易破解，于是羞愤交加，跳海自尽了。在这样的情况下，俄狄浦斯就受到了底比斯人民的欢迎，人们打开国门把俄狄浦斯引进底比斯。刚好不久以前，人们以为底比斯的国王在去德尔菲神庙的路上被一伙强盗杀了，因为当时跑回来报信的仆人跟王后说，他们在去德尔菲求神谕的过程中，在路过一个三岔路口的时候遇到一伙人多势众的强盗，国王和另外三个仆人被打死了，而他自己是经过浴血奋战杀出重围跑回城邦的。这样一来底比斯人民就以为他们的国王是在去德尔菲的路上被一伙强盗杀死的。现在刚好他们没有国王了，于是他们就拥立这位于城邦有功的年轻人成为新的国王。俄狄浦斯作为外来人被拥立为底比斯国王，但他在底比斯人地两生，必须寻求当地的资源，所以就娶了前国王的妻子，也就是他的亲生母亲为妻。

于是杀父娶母就这样成为现实，而俄狄浦斯还浑然不知。他是一个非常英明的国王，治理国家有方，一时间风调雨顺，国泰民安，然而他和母亲结合，还生了两儿两女，乱伦的事情发生了，就这样过了十多年，一场血红色的灾难降临城邦，庄稼歉收，牛羊瘟死，妇女不孕。在这样的情况下，俄狄浦斯感到非常恐慌，于是又派人到德尔菲去求神谕，到底是什么原因，得罪了哪路神灵，给底比斯降临了如此可怕的灾难。使者从德尔菲回来报信，告诉俄狄浦斯说，除非找到杀死老国王的凶手，否则这场灾难永远不会终结。

我刚才把这个故事的前因后果给大家交代了一下，而事实上，索福克勒斯的《俄狄浦斯王》是采取倒叙的方式，开始的地方就是我们现在讲的地方，就是说这个悲剧一开始就是到德尔菲去求神谕的使者回来，向俄狄浦斯复命，所以它的手法、技巧水平是相当高的。前面的一些铺垫，当然在剧情中交代了，而对于当时看戏的古希腊人来说，他们也非常了解这样的背景。

于是乎，俄狄浦斯又带领全城人到处寻找到底是谁杀死老国王，而且发下了重誓，不管是什么人，不管他地位有多高，一旦把他找到，将把他赶出城邦，然后通令各个国家、各个城邦都不得收容他，让他像野狗一样凄惨地死在流浪的途中。然而，谁也不知道老国王到底死于谁人之手，因为唯一一个知道这件事情逃回来报信的，就是当年发了恻隐之心，把幼年的俄狄浦斯送给科林斯牧羊人的那个底比斯牧羊人。而当俄狄浦斯破解了斯芬克斯之谜，在底比斯被人民拥戴为国王的时候，这个仆人（牧羊人）当时就感到很害怕，于是就重新回到山里做他牧羊的老本行了。俄狄浦斯后来娶了老国王的妻子、生了孩子、治理这个国家,这个仆人都已经远在山区,眼不见为净了。所以没有一个人知道这件事情到底是怎么发生的。最后俄狄浦斯通过种种机缘巧合,终于把真相窥透,得知原来自己杀的就是老国王,娶的就是亲生母亲。

当一切真相大白以后,俄狄浦斯感到非常羞愧,作为一个智慧、正直的国家统治者,一个智慧、正直的英雄,居然铸下如此大错。最后俄狄浦斯的母亲也就是他的妻子知道这个真相以后,也羞愧万分,直接跑回后宫悬梁自尽了。俄狄浦斯则自己刺瞎了双眼,认为自己有眼无珠。这个悲剧的最后是他在他和母亲乱伦所生的女儿安提戈涅的搀扶之下,离开了瘟疫横生的底比斯,开始了流浪,剧情到此终结。

这个悲剧的剧情非常复杂,跌宕起伏,峰回路转,经常一时间疑雾重重,突然一下又柳暗花明,铺垫得非常巧妙。而在《俄狄浦斯王》中突出了一个非常重要的思想，这个思想可以说就是关于命运到底能不能实现的问题。因为无论是俄狄浦斯的母亲，还是俄狄浦斯本人，当然还有俄狄浦斯已经被杀掉的父亲都知道，这个孩子将会杀父娶母，大家都已经事先知道，而大家都想极力回避这个结果。首先俄狄浦斯的父亲和母亲在俄狄浦斯刚刚出生的时候就让牧羊人把他丢到山上去喂狼，所以他们以为已绝后患，以为这个孩子已经被处理掉了。结果没想到这个仆人动了恻隐之心，把孩子送给了别的牧羊人，最后转到了科林斯，这是他们没有料到的。而俄狄浦斯本人在求神谕的时候也得知自己将会杀父娶母，也极力回避，离开科林斯开始流浪，就是为了不回自己的城邦，避免杀父娶母。结果没想到他越是远离他的城邦，就越是走近他真正可能杀父娶母的地方。所以他们每次的躲避恰恰开启了一个新的开端，而这个开端又把他们引向了新的陷阱。所以《俄狄浦斯王》表现出命运的扑朔迷离与不可抗拒，人在命运面前不断地抗争，企图摆脱命运，但终究还是无法逃脱命运的魔掌。

在这个意义上，俄狄浦斯的悲剧，索福克勒斯

第五讲 索福克勒斯的悲剧

《俄狄浦斯与安提戈涅》或《底比斯的瘟疫》(*Oedipus and Antigone, or the Plague of Thebes*)
查尔斯·弗朗索瓦·雅拉贝尔 (Charles François Jalabert),布上油画,
1842,115cm×147cm
马赛美术馆

的悲剧，更多表现了人在命运面前那种自由抗争、不屈不挠的意志，而不是像埃斯库罗斯的悲剧，单方面强调命运不可抗拒的威力。固然结局还是不可抗拒，但毕竟在这个过程中表现出了人在命运面前的不屈不挠，正是这种奋争的精神，这种自强不息、抗拒命运的精神，体现出悲剧真正的魅力所在。虽然结局是失败的，是悲惨的，但悲剧本身透出的人的精神力量感人至深。

除此之外，《俄狄浦斯王》还有一个非常深刻的思想，那就是明眼人和瞎子之间的关系，也就是说两者谁才能看到真实？因为在它的剧情中，当俄狄浦斯带领全城人到处寻找杀死老国王的凶手时，有一个瞎子被人引到宫中，这个瞎子是先知忒瑞西阿斯，具有未卜先知的能力，正是因为他眼睛瞎了，所以他的智慧之眼才睁开了。在希腊文化中，我们经常可以看到一些充满了智慧的瞎子，比如说荷马。这些眼睛失明，但是却智力、脑洞大开的人物可能在某种意义上代表着一种更高的见识，而这种见识就被叫作智慧。所以当这个瞎子被引到宫中，俄狄浦斯和他之间有段对话，最后这个瞎子告诉了俄狄浦斯真相，揭示出这件事情就是他亲手铸成的，而俄狄浦斯自信满满，认为自己充满了智慧，怎么可能会杀老国王呢？而且大家都传说老国王是被一伙强盗杀的。所以俄狄浦斯当时就怒斥这个瞎子，说你不仅是眼睛瞎了，你的智慧也瞎了。而这个瞎子就反唇相讥，说了一段极其深刻、耐人寻味的话：你倒是有眼睛，但是你看不到真理，你看不到你和谁生活在一块，你看不到你的父亲和母亲到底是谁，所以终究有一天你也会像我一样失去眼睛，终究有一天富人会变成乞丐，明眼人会变成盲人，靠着一根手杖远走他乡。

当真相大白以后，俄狄浦斯发现确实是自己亲手铸下重错，他的母亲悬梁自尽，他自己则刺瞎了双眼，在女儿搀扶之下离开了底比斯，果然应了瞎子的预言，靠着一根手杖远走异国他乡，明眼人变成了瞎子，富人变成了乞丐。可见瞎子有时候能看到我们明眼人看不到的东西。所以在《俄狄浦斯王》里表现了一个极深刻的思想，就是当我们有眼睛的时候，我们也许往往看不到真理，相反，当我们把眼睛闭上的时候，反而能够窥见真理的真面貌。这样一来就从常识之上提升出一种更高的见解，这种见解叫智慧。芸芸众生用肉眼看，可能更多沉溺在常识之中，但是极少数像瞎子这样的心有灵犀者、凤毛麟角似的人物，他们可以通过自己的心灵之眼看到更高的东西，也就是智慧。这样一来在俄狄浦斯的悲剧里，实际上就已经开始呼唤着一种更高的东西，就是后来的哲学。

所以哲学思想里面的很多东西在《俄狄浦斯王》中就已经开始出现，这是我们说《俄狄浦斯王》有非常深刻的思想的原因。当然《俄狄浦斯王》里还有很多思考，比如对幸福的检讨。什么叫幸福？俄狄浦斯曾经非常幸福，但是在一夜之间，一切灾难全部来临，从幸福的巅峰一下子跌落。就像我们中国的老子的观点，祸福相倚相伏，所以从这个意义上来说，什么叫幸福？这个悲剧最后的说唱词就有一段对幸福的检讨，通过合唱队歌队长的一段话告诉大家，任何人，在生命终结之前都不能夸耀自己是幸福的,因为幸福是一个极大的未知数。

最后,俄狄浦斯这个悲剧还产生了一个更重要的影响。20世纪西方有一个伟大的心理学家叫弗洛伊德,他喜欢希腊悲剧,喜欢希腊神话。他从希腊悲剧、希腊神话里领悟到很多人生的心理现象,总结了很多心理情结。弗洛伊德提出了俄狄浦斯情结,就是恋母的情结。在弗洛伊德看来,任何人在小时候,或多或少,男孩子都有恋母情结,女孩子都有恋父情结,男孩子都想独占母亲排斥父亲,就像俄狄浦斯杀父娶母一样,女孩子都想独占父亲排斥母亲。他也用了希腊神话另外一个人物厄勒克特拉来代表恋父情结,叫作厄勒克特拉情结。

索福克勒斯第二部重要的悲剧就是《安提戈涅》。《安提戈涅》的剧情相对比较简单,安提戈涅是俄狄浦斯的女儿,是他和他的母亲,也就是他的妻子乱伦所生的女儿。俄狄浦斯和母亲乱伦生了两儿两女,后来离开了底比斯去流浪以后,这两个儿子就为了成为底比斯的统治者手足相残,最后同归于尽。而安提戈涅要为自己两个同归于尽的哥哥收尸，遭到了当时底比斯国王克瑞翁的反对。克瑞翁认为，两兄弟里有一个是为了保卫城邦而死，而另外一个是引敌人来犯才死的，所以应该为这个保家卫国的兄弟收尸，但是绝不能为那个引敌来犯的兄弟收尸。在这样的情况下，安提戈涅表述了另外一种观点，她认为死者入土为安是天经地义的，这来自神法。死人不管是正义的还是邪恶的，不管他是保家卫国还是引敌来犯，死了以后就都应该入土为安，不能因为他生前的行为而影响他最后入土为安的归宿，所以她就反抗国王的命令。其悲剧性就表现在安提戈涅反抗国王命令受到惩罚，被放在一个石窟中死去了。这个悲剧提出了一个重要的问题，就是神法和人法孰高孰低，哪一个更重要？到底是应该按照国王的命令，让保家卫国的兄弟得到善待，引敌来犯的兄弟曝尸荒野，还是应该按照神法，不管是什么人，死了以后都入土为安？

这里面有一个很深的思想，就是在人的法律之上还有一个神的法，这对西方后来的法律思想产生了重大影响，也就是在我们人为法制上可能还有一个更高的自然法或者神法。而这个自然法、神法比我们人制定的法律更加神圣、更加根本，所以就引出了后世很多重要的法律问题。这就是《安提戈涅》，我们简单地做了一个介绍。《俄狄浦斯王》和后来的《安提戈涅》，这两部巨作是索福克勒斯留存后世的七部剧作中最重要的两部，产生了重大影响。

最后我想简单地给大家概括一下索福克勒斯的悲剧和埃斯库罗斯的悲剧差别在哪里。索福克勒斯的悲剧，最重要的一点，我们前面已经讲到，不仅仍然强调命运的巨大威力，而且同时也在渲染人在命运面前不屈不挠的抗争精神。所以他更多要突出自由意志的力量，以及反抗的结果。虽然反抗最终是无果的、无效的，命运仍然发挥了它巨大的不可抗拒的威力，但是在这样一种明知不可为而为之的抗争中，人的自由、人的自由意志、人的自立的精神方才显出巨大的魅力。所以这是索福克勒斯不同于埃斯库罗斯的一点。

《安提戈涅象征性地埋葬了她兄弟波利尼克斯的尸体》(*Antigone Gives Token Burial to the Body of Her Brother Polynices*)
儒勒-欧仁·莱内普夫(Jules-Eugène Lenepveu),纸上水彩,1835—1898,27.4cm×35.3 cm
大都会艺术博物馆

其次，索福克勒斯在戏剧技巧方面更加娴熟，所以他的悲剧，像我们刚才讲的《俄狄浦斯王》，是采取倒叙的方式。虽然剧情跌宕起伏、一波三折，但是他处理得非常好，一切都恰到好处，整个剧情的发展既出乎我们意料之外，又在情理之中。正因为此，索福克勒斯在悲剧技巧方面所达到的水平和成就，可以说是超越了埃斯库罗斯，后来的欧里庇得斯也难望其项背。而且更重要的是，索福克勒斯的悲剧体现了很深的哲学思想，这样就引出了对更高的智慧的讨论。而哲学在某种意义上就是在悲剧的启发之下开始攀登它的高峰。希腊哲学产生的时代固然可能比希腊悲剧要早，但是希腊哲学真正登上高峰是在悲剧之后才开始。希腊哲学最重要的三个代表人物苏格拉底、柏拉图、亚里士多德都是在希腊悲剧达到鼎盛时期以后才开始相继表现出他们智慧的风采和光芒。所以希腊悲剧在某种意义上呼唤哲学逐渐走向了自觉。这也是索福克勒斯悲剧重要的启示和对后世的影响。

我们现在简单地概括一下第二大悲剧家索福克

勒斯悲剧的影响。第一，索福克勒斯除了渲染命运的巨大威力以外，同时也开始强调人的自由，在命运这个巨大力量面前的抗争精神。虽然无法改变命运的悲惨结局，但是却表现了人在对抗这种决定性力量时展现出来的自由意志的光芒，这一点是非常引人入胜的。第二，索福克勒斯在戏剧技巧方面达到了很高的水平，而且由于把演员从两个增加到三个，所以在索福克勒斯的悲剧中，演员之间的对白以及独白越来越多地取代了合唱队歌队长的旁白、唱段、对话，所以语言的作用越来越大，对话的意义越来越大，这在某种意义上也启发了希腊的辩证法的发展，因为辩证法最早就是在对话中展开的。无论是在戏剧技巧方面，还是在安排剧情的起承转合方面，索福克勒斯都达到了希腊悲剧家的顶峰。

第六讲
欧里庇得斯的悲剧

在这一讲中,我们要给大家介绍一下希腊第三大悲剧家欧里庇得斯的悲剧,以及他的思想特点、思想风格。和前两位悲剧家相比,欧里庇得斯生活的时代是雅典已经盛极而衰的时代,特别是到欧里庇得斯的晚年,一场希腊两大城邦的内讧爆发了,那就是雅典和斯巴达之间的伯罗奔尼撒战争。雅典在领导希腊各城邦共同抗击波斯入侵者后,在伯里克利时代达到了民主政治和文化的顶峰,之后开始盛极而衰,雅典民主制的一些弊端也日益暴露,雅典人在战后的那种踌躇满志导致的狂妄及其招致的很多恶果渐次在社会中展现出来。所以欧里庇得斯作为一个有敏感的批判思维的剧作家,非常清晰地看到了当时的希腊社会暴露出的很多弊端。因此他

欧里庇得斯雕像

大理石，公元 2 世纪

那不勒斯国家考古博物馆

第六讲 欧里庇得斯的悲剧

像所有时代的那些具有新潮思想的人一样,开始对那些雅典过去一直引以为豪的主流价值进行怀疑、批判、颠覆。就这一点来说,欧里庇得斯和前两位悲剧家最大的不同可能就在于,埃斯库罗斯以及索福克勒斯都是在歌颂、赞美、维护主流的价值观念,但是欧里庇得斯却开始怀疑、颠覆、甄别、批判这些主流的价值观,他和前两位悲剧家在价值取向方面可以说是背道而驰的。所以欧里庇得斯在他生活的时代遭到了保守的雅典民主派的斥责,人生最后是一个悲惨的结局。

在那个时代出现了两位具有批判思想的伟大人物,一位就是大悲剧家欧里庇得斯,另一位是他的同代人、和他是莫逆之交的大思想家苏格拉底。最后这两个人的命运都非常悲惨,欧里庇得斯晚年被雅典人民赶出城邦,客死他乡;而苏格拉底被以两条莫须有的罪名处以死刑。这两个人当时都被保守的雅典民众看成洪水猛兽,但很多年轻人恰恰特别追捧这两位思想家的思想,可见这两位人物都是反叛希腊雅典主流价值的急先锋。

下面我来具体地分析一下欧里庇得斯的悲剧。刚才说到,他的悲剧的特点是对希腊雅典社会主流的那套价值进行怀疑、甄别、颠覆。欧里庇得斯写了将近一百部悲剧,留到今天的有十八部,这十八部悲剧有两个重要的特点:

第一,他的悲剧大多是以女性为主角的,这和希腊雅典主流的男权思想背道而驰。在这些以女性为主角的悲剧里,不仅表现了她们的高风亮节,以及在大义面前巾帼不让须眉的精神,而且也表现了这个社会女性的苦难、遭受的各种不公正的待遇。我们前面讲过,希腊城邦时代是个男权社会,女性是没有地位的,她们忍受着很多主流阶层不能体验的痛苦。而欧里庇得斯在悲剧里面就充分揭露了女性的苦难,对女性遭受到的社会不公正提出抗议。

第二,欧里庇得斯的悲剧更多表现出反战的情绪。此前雅典走向鼎盛主要就是因为雅典领导希腊各城邦打败了波斯,在战争中获胜。希腊的悲剧也描写了很多战争,因为很多希腊悲剧是延续荷马史

第六讲 欧里庇得斯的悲剧

诗的主题，取材于特洛伊战争。无论是在传说的特洛伊战争中，还是现实中发生的希波战争中，希腊人都是胜利者。所以在此前的悲剧里，包括在埃斯库罗斯、索福克勒斯的悲剧里，可以说对战争都充满了热情讴歌。但是欧里庇得斯的悲剧却表现出对战争的针砭，这就有点像苏联后期出现了很多反战作家。比如说大家很熟悉的一个苏联小说改编的电影《这里的黎明静悄悄》，里面虽然也表现了对反法西斯正义战争的赞美，但同时也表现出战争本身是摧残人性的。即使是正义的战争，也是以牺牲无辜的生灵为代价。同样，欧里庇得斯的悲剧也表现出了反战的情绪。我们以他最主要的一部悲剧《美狄亚》为例。

《美狄亚》这个悲剧就是以女性为主角的，讲美狄亚帮助她的丈夫伊阿宋盗取金羊毛，大功告成以后，她的丈夫变心，移情别处，贪图富贵，想成为科林斯国王的乘龙快婿。美狄亚当然非常愤慨，面对丈夫的不忠，美狄亚决计报复，因为她为丈夫付出了太高的代价：她背叛了父亲，亲手杀死了自己的哥哥来追随丈夫，结果没想到丈夫伊阿宋竟如此待自己。美狄亚是个北方女巫,她首先做法,用巫术害死了科林斯公主和他的父亲科林斯国王,然后对自己的丈夫实行报复。她采取了一种非常决绝的方式,当着丈夫的面手刃了自己的两个孩子,以这种方式来折磨惩罚她的丈夫,并在杀了自己的孩子以后乘龙车飞天而去。欧里庇得斯在《美狄亚》这个剧本里描写了美狄亚在动手杀自己的孩子之前心中的彷徨,充满痛苦、犹豫。但是为了报复丈夫的背弃,她宁愿采取如此决绝的方法。

所以在《美狄亚》中不仅有场的变化,还更多地转向深入角色的内心世界。从故事情节转向对悲剧主人公内心世界的描写,对心理活动进行描绘,这是欧里庇得斯更长于埃斯库罗斯、索福克勒斯的特点。欧里庇得斯在《美狄亚》中除了表现出女人遭受的不幸以及美狄亚在杀子之前的犹豫心理,其实也对希腊男权社会下女人所遭受的不公进行了一个申诉。其中有一段台词,当美狄亚和她的丈夫伊阿宋发生争执的时候,伊阿宋嘲笑美狄亚,说了这么一句话:你们女人除了会生孩子以外还

《美狄亚即将杀害她的孩子们》（*Medea About to Kill Her Children*）
德拉克洛瓦，布上油画，1838，122cm×84cm
卢浮宫

会干什么？而我们要始终手持刀枪在战场上拼搏。而美狄亚回答说：我宁愿拿矛上三次战场，也不愿意生一次孩子。由此表露了女性们有她们自己的痛苦，有她们自己的负担。这是欧里庇得斯在《美狄亚》中传达的一些重要的思想对社会主流价值的颠覆。

欧里庇得斯另外一部很著名的悲剧叫《特洛伊妇女》。这部悲剧的背景是著名的特洛伊战争，特洛伊城被攻破以后，男人们被杀掉，女人们就沦为奴婢。其中描写了四个不同的女性角色，每个角色各有特点，但是都表现了在这个男权社会里女人所遭受的不公待遇。

第一个女性角色叫赫卡柏，她是特洛伊城的王后，为国王生了五十个儿女，大多数都在保家卫国中被希腊人屠杀，死于战场。剩下的还有一个女儿叫卡桑德拉，作为战俘，被希腊联军的统帅阿伽门农占为己有，沦为性奴。一个母亲面对自己的五十个儿女在这场战争中的遭遇，那种悲怆的心情可想而知。

第二个女性角色叫安德罗玛克,是特洛伊大王子赫克托耳的妻子。《伊利亚特》中最精彩的场面就是在第二十章里,希腊大英雄阿喀琉斯和特洛伊大英雄赫克托耳之间的一场生死决斗,最后赫克托耳死于阿喀琉斯之手。而赫克托耳在和阿喀琉斯决斗之前,就已经知道自己不是阿喀琉斯的对手,将会死于疆场,但是他死而无憾,因为他是保家卫国,但唯独牵挂、放心不下他的妻子和幼小的孩子。所以在《伊利亚特》中就描写了一段赫克托耳在上战场之前和他妻子的诀别,感人至深。这些大英雄视死如归,但是也有儿女情长之处。而《特洛伊妇女》里赫克托耳的妻子安德罗玛克在丈夫战死沙场之后,沦为希腊人的俘虏。因为安德罗玛克长得非常美丽,希腊的很多将士都想把她据为己有。安德罗玛克这个时候不仅要保全自己的名节,更主要的是要保全她和赫克托耳唯一的一个儿子,一个幼小的孩子。在《特洛伊妇女》中,希腊人为绝后患,怕赫克托耳的这个幼小的儿子将来长大成人向希腊人报仇,把他从城头上扔下,活活地摔死。而一个母亲,一个无助的柔弱女性,眼睁睁地看着自己的儿

《安德罗玛克哀悼赫克托耳》

雅克-路易·大卫,布上油画,275cm×203cm,1783

卢浮宫

子被希腊人从城头上摔下来,心中悲痛万分,但是又束手无策。所以在《特洛伊妇女》中,作为希腊雅典人的欧里庇得斯却充满愤慨地谴责了希腊人的残酷和野蛮。里面有一段台词说道:你们希腊人曾经以野蛮人的行为为不耻,而你们现在做的事情比野蛮人还要野蛮。通过对希腊人进行控诉,从而表现对战争的控诉,欧里庇得斯认为战争是邪恶的,使得希腊人变成一个残暴的野蛮的民族。

第三个女性角色就是赫卡柏的女儿,也是国王的女儿,即公主卡桑德拉。卡桑德拉作为特洛伊王后五十个孩子里硕果仅存的一个女儿,在城破之后被阿伽门农掠为性奴带往迈锡尼。而卡桑德拉本人是一个女巫,她知道自己在伴随阿伽门农回迈锡尼的当天晚上,就会作为殉葬品和阿伽门农一块死掉。前面我们讲到埃斯库罗斯的《奥瑞斯提亚》三部曲,第一部《阿伽门农》讲的就是这个故事。卡桑德拉明知道在阿伽门农回到自己城邦的当天晚上就会被他的妻子谋害,死于非命,她却宁愿自己作为阿伽门农的陪葬品,也不把这件事情告诉阿伽门农,目的就是以这种方式来报复阿伽门农,因为阿伽门农带来的希腊联军把她的几十个兄弟姐妹都杀害了。她只有用这种方法来报复阿伽门农,跟他同归于尽。

第四个女性角色就是美丽的"祸害"海伦。特洛伊战争是由海伦和特洛伊的王子帕里斯私奔而引起的,可以说是海伦的丈夫冲冠一怒为红颜的结果。海伦遭到了大家共同的谴责,因为这场使无数英雄殒命的战争都是由她而起的。在《特洛伊妇女》中,当特洛伊城破之后,希腊人把海伦抢了回去,她的丈夫咬牙切齿地要狠狠报复海伦。但是当海伦一回到希腊人的战船,人们看到她如此光彩照人,她的丈夫和其他人马上原谅了这位美丽的"祸害"。他们认为为这样一位美丽的女人打上十年艰苦卓绝的战争,尽管无数英雄因此而血溅疆场,还是值得的。于是海伦的丈夫斯巴达国王墨涅拉俄斯又带着他的妻子欢天喜地地回家去了。

在欧里庇得斯的这部悲剧《特洛伊妇女》里描

第六讲　欧里庇得斯的悲剧

右边的场景是小埃阿斯在普里阿摩斯面前将卡桑德拉从雅典娜神像前拖出，左边则是墨涅拉俄斯抓住了海伦
壁画
庞贝古城的米南德之家

写了四个完全不同的女性角色,表现了她们各自的痛苦和悲哀,同时也表现了她们不同的性格。

我们最后简单地概括一下欧里庇得斯的悲剧的特点。他的悲剧更多表现了对希腊社会主流价值的冲击、怀疑、批判。在欧里庇得斯的悲剧里面,命运的力量已经大大减弱,更多突出的是人的自由意志。欧里庇得斯多次表现出对命运的怀疑,认为命运可能是一个骗人的把戏,根本就没有什么不可抗拒的命运,完全是人自己为自己挖了个陷阱,把自己局限在其中。对此前在希腊主流社会里面影响颇大的命运观进行怀疑、解构、批判,是欧里庇得斯悲剧最大的特点。当然欧里庇得斯悲剧里面还表现了对希腊其他主流价值的抗争、不平、控诉,比如说男权社会女性的卑下地位、希腊人对战争的讴歌赞美。

可以说,欧里庇得斯对希腊社会当时最主要的一些主流价值都进行了颠覆,也正是因为这样,他成为那个时代的洪水猛兽。虽然有一批青年追求新潮，追随在他周围，就像苏格拉底周围有很多时髦的希腊雅典青年一样，但是在当时绝大多数持保守观点、仍然崇奉奥林匹斯诸神的雅典普罗大众眼里，欧里庇得斯是一个异端，是一个危险分子。因此，欧里庇得斯晚年被赶出城邦，客死他乡。后人总结说，欧里庇得斯不仅是那个时代的莎士比亚，更是那个时代的伏尔泰。他用悲剧更多表现的不是对命运的烘托、对命运的渲染，而是一种社会批判的思想。欧里庇得斯实际上在很大程度上是借戏剧、借悲剧这种形式进行他的社会批判，相比于一个悲剧艺术家，他更应该被视为一个社会批判家。就悲剧的艺术成就来说，他是无法跟埃斯库罗斯、索福克勒斯相比的，但是就悲剧所表现出的深刻的社会批判思想来说，他显然要比前两者更加深刻，也更加反传统，对主流价值有更多反思，这就是欧里庇得斯。

我们最后简单地概括两句，欧里庇得斯作为希腊第三大悲剧家，他和前两大悲剧家烘托、渲染、赞美、讴歌命运的做法不一样，更多表现对命运的怀疑、解构、批判，更多突出的是人的自由意志，人在命运面前的自我决定，所以命运的力量已经大大削减。而且他也开始对希腊的主流价值体系进行根本的颠覆，对女性的不平等地位、希腊人对战争的讴歌都进行了质疑和解构。从这个意义上来说，欧里庇得斯的悲剧更多表现的是一种深刻的社会批判思想。

第七讲
古希腊悲剧的深刻哲理

介绍完希腊三大悲剧家的悲剧，我们下面就进入古希腊悲剧的第七个问题，也就是希腊悲剧的深刻哲理。从希腊悲剧里我们可以提炼出一些重要的人生启迪和深刻的哲学思想。在这一部分，我将会以前面对希腊悲剧的铺垫为基础，探究希腊悲剧是怎样引起了观众们在情感上的共鸣，又是怎样给我们提供了一些重要的人生启示。

按照亚里士多德的观点，希腊悲剧之所以在希腊成为一种民众喜闻乐见的艺术形式，是因为它会在观众心里激起两种重要的情感，一种叫怜悯，一种叫恐惧。怜悯就是由于一个人遭受了本来不应该遭受的厄运而激起了我们的同情心。当我们看到俄狄浦斯、奥瑞斯忒斯这样的好人无端地遭到了命运的可怕打击，承受了杀父娶母或者杀母亲为父亲报仇这样的厄运，这种悲剧性事件的发生使得我们对他们产生了某种感觉。我们前面讲过希腊悲剧中不存在善良和邪恶之间的明显界限，俄狄浦斯也好，奥瑞斯忒斯也好，美狄亚也好，这些悲剧角色并不是由于他们是坏人才得到了一个可怕的厄运结局；相反，他们都是一些善良之人，或介于善恶之间的人。作为观众，我们不由得悲从中来，很容易由他们的悲剧结局、悲剧命运联想到我们自身，不禁产生一种同情、怜悯之心。

同时，这样一种发生在他人身上的不应该遭受的厄运，也会在我们心中激起一种恐惧。我们讲过，希腊悲剧更多表现的是命运主题，所以我们可以看到在这些貌似自由的英雄人物或者神灵的头顶上，有一只看不见的手，有一把不可把握、不可捉摸、不可改变的达摩克利斯之剑。在这样的压迫感下，我们自然也会对我们自身头顶上的巨大未知力量产生恐惧。这种情感与其叫恐惧，不如叫敬畏。

第七讲 古希腊悲剧的深刻哲理

总而言之,悲剧在我们心中激起的怜悯和恐惧,这两种情感的产生是一种情感的净化,是对我们心灵的一种提升,使我们能够体验到一种崇高的感受。我们中国的先贤孟子说四端之心,"我固有之也",四端之心就是恻隐之心、羞恶之心、恭敬之心和是非之心。四端之心之首就是恻隐之心,恻隐之心就是一种同情,一种不忍。所以希腊悲剧可以培养起观众心中对悲剧主人公的同情、恻隐、怜悯,这是一种非常健康的情感。我们人类如果没有怜悯,没有恻隐,没有这样一种悲怜之心,那就跟禽兽没有差别了。从这个意义上来说,通过悲剧剧情的渲染,我们看到那些好人无端遭到了命运的沉重打击,心中产生出一种同情、怜悯、悲悯之心,实际上是调动起我们心中的一种健康的情感。所以诚如孟子所强调的,这种悲悯之心、恻隐之心,实际上是我们不断地加以扶助、加以推广、加以提升的。

同样,恐惧也是这样。我刚才讲到,从对具体事件、具体的悲剧结局的恐惧,可能会引发我们对一个更深刻的东西,也就是在悲剧主人公的自由意志背后不出场的命运的敬畏之情,而这种敬畏之情也可以提升我们的道德情感、道德境界。因为人总是要有所敬畏的,孔子曾经说过:"君子有三畏:畏天命,畏大人,畏圣人之言。小人不知天命而不畏也,狎大人,侮圣人之言。"可见君子和小人之分就在于有敬畏还是没有敬畏。而通过悲剧,我们作为观众可以从中感受到某种巨大的力量,一种不可把握的在背后的隐而不彰的力量,这种力量就是命运,因而我们就会油然产生一种对命运的敬畏,提升我们心中的敬畏感。

从这个意义上来说,悲剧不仅会培养我们心中的怜悯,而且会提升我们心中的敬畏,这两种都是非常健康的情感。在亚里士多德看来,通过调动起观众心中的怜悯和恐惧,在某种程度上就会使我们的心灵得到净化,使我们的情感得以升华,从而让我们体验到一种崇高的感受。这种崇高的感受会使我们热血沸腾,会使我们热泪盈眶,这实际上是对个人道德境界的提升,同时也是对整个社会的道德风尚的淳化。这就是希腊悲剧在当时的希腊人眼中所起到的重要作用。

另一方面,希腊悲剧除了可以净化我们的情感,推动整个社会的道德风尚淳化,还有一个作用,就是可以引出某种更深刻的东西,使观众从悲剧的剧情深入背后那若隐若现的更高境界,也就是对智慧的追问。有一句俗话叫外行看热闹,内行看门道。悲剧在希腊是一种老百姓喜闻乐见的文化形式,在观看希腊悲剧时,普罗大众更多看到的是剧情的发展,是悲剧主人公的生死否泰、悲欢离合的故事。然而,有一批心有灵犀者,他们从悲剧里读出的是弦外之音,他们看到的是背后的命运。我们讲过,希腊悲剧是命运悲剧,但不是所有人都能从悲剧故事情节的展开中读出命运的深刻意境。

极少数人可以从希腊悲剧里读出背后关于命运的思考,而这种思考把他们的思维引向了一个超越具体故事情节的形而上的层面。从这个意义上来说,希腊悲剧实际上已经在呼唤着希腊哲学的高峰的来临。我们在第一讲中就讲到,希腊不同的文化形态都是在奥林匹斯宗教信仰的基础上依次发生的。首先是史诗,比较简单地讲故事;接着出现奥林匹亚竞技会,秀肌肉、现体型;然后出现对奥林匹亚竞技会运动员以及他们所模仿的神和英雄的形体的再现与人体造型,以及神的居所的建造,由此激发了希腊建筑和雕塑的发展;再然后,同样是对这些奥林匹亚竞技会运动员的讴歌以及对他们所模仿的神和英雄的赞美,出现了抒情诗;最后,在普罗大众中最初以一种粗野的形式,最终孕育出动人心弦的希腊戏剧,尤其是希腊悲剧。所以希腊悲剧的出现本身就是希腊不同文化形态渐次深入、渐次提高的一个结果。如果我们说史诗就像给幼儿园的孩子们讲故事,那么悲剧已经上升到大学水平,已经开始既讲故事,同时又凸显背后的深刻思想。命运实际上是一条副线,表面上是悲剧主人公的悲欢离合的故事,但却有一个始终不出现的命运在背后牵扯着这一切、决定这一切。所以看戏很可能就有两种不同的意境,一种是直接沉溺在剧情之中,另一种是超越剧情,达到对背后命运的把握。

正因为此,希腊悲剧已经呼唤着希腊不同文化形态的最高峰,也是最后一个,最高的一个,或者叫上升到顶峰的文化形态的出现,就是哲学。哲学在希腊各种文化形态里是最后出现的,诚如黑格尔一句名言所说:"密涅瓦的猫头鹰只有在黄昏时候才起飞。"密涅瓦就是雅典娜,希腊语叫雅典娜,拉丁语叫密涅瓦,雅典娜作为希腊的智慧女神,她的标志物就是猫头鹰。而猫头鹰只有在黄昏时候才起飞,这句话的意思就是说,智慧往往是在一个人、一个时代、一个国家的黄昏时刻才会达到高峰。

希腊悲剧在某种意义上已经成为哲学达到顶峰的一个序曲。由于它丰富的人生启迪,尤其是对命运的深刻思考,实际上就把某些人引向了更高的智慧殿堂。在希腊,智慧和常识是两个不同的东西,在希腊语里面智慧叫sophia,而哲学在希腊语里是philosophy,是由两个词构成的,philo在希腊语里面是爱,sophia是智慧,合在一块就是philosophy,就是对智慧的热爱,而我们把它翻译为哲学。所以哲学本身就是一种追索、探讨、追寻智慧的学问,和常识是分道扬镳的。从这个意义上来说,悲剧本身就是哲学,就是以一种意象的形式呼吁着以抽象的思维形式出现的哲学的一个前兆、一个前身、一个前奏曲。

所以我们说欧里庇得斯本身就是哲学家,而苏格拉底,尤其是苏格拉底的学生柏拉图,本身也是热爱悲剧的人。虽然在柏拉图的《理想国》里面悲剧的地位比较低,但是苏格拉底和柏拉图本人都是具有诗人气质的。悲剧背后的这种智慧的上升,恰恰使得后来那些以热爱智慧著称的哲学家如苏格拉底、柏拉图,开始摒弃悲剧,因为他们要的已经不是悲剧了,而是悲剧背后的东西,是悲剧彰显出来的背后那个看不见摸不着的东西,所以他们要把诉诸感性的悲剧摒弃掉,同时要把悲剧背后透露出来的、只能用理性把握的那个东西发扬光大。这样就导致了从悲剧向哲学的高峰的转换。

因此我们说希腊悲剧实际上是哲学的一个前奏,这就是我们讲的第七个问题,希腊悲剧的深刻哲理。我们稍微概括一下，希腊悲剧不仅带给了我们重要的人生启示，对我们的情感产生了升华和净化的作用，培养调动了我们的怜悯和恐惧的情感，使得我们体验到一种崇高感受，更透露出背后深刻的哲学思想和人生哲理，把握到对命运的感知，而命运上升到最后就表现为希腊哲学追问的核心问题logos，就是通过语言展现的背后的东西。这样一来希腊悲剧也就成为哲学的一个前奏，所以悲剧也是哲学。

第八讲

古希腊悲剧的文化影响

下面我给大家讲讲古希腊悲剧的第八个问题,希腊悲剧的文化影响。我会给大家介绍一下希腊悲剧在当时以雅典为首的希腊城邦社会所产生的重要文化影响,它对于大众的文化生活具有什么样的意义;我们还会涉及随着希腊城邦时代的社会变化,希腊悲剧和希腊喜剧之间的过渡,以及希腊悲剧和希腊喜剧所代表的不同的时代精神。这就是我们在这一讲要给大家展现的东西。

可以说希腊悲剧自出现以后,特别是公元前6世纪开始在雅典鸣锣登场,成为一种正式的表演形式以后,就在希腊各城邦产生了越来越大的影响。我们前面讲过,希腊的公共生活有三大场所。希腊是一个城邦社会,人们都热衷于公共生活,无论是它的民主政治,还是文化生活、宗教生活都带有一种公共色彩。公共生活一定要有场所,希腊的公共生活主要体现在三大场所,第一个就是神庙。每个城邦的重要位置往往是围绕着一个叫作卫城的山头而建,在每个城邦的卫城一定都盖有神庙。不同的城邦崇拜不同的主神,比如说雅典的保护神是雅典娜,科林斯的保护神是波塞冬,德尔菲的保护神是阿波罗,以弗所的保护神是阿尔忒弥斯,诸如此类,每个神都属于奥林匹亚神。第二个就是运动场,且不说有全希腊的运动场,像奥林匹亚竞技场、德尔菲的皮提竞技场、科林斯的伊斯米竞技场等,每一个城邦也有自己的运动场。希腊老百姓热爱体育运动,尤其是希腊城邦的精英贵族们,他们平时都喜欢举行体育竞技活动,所以每个城邦都一定会有竞技场、体育场。

希腊除了有恢宏的神庙和运动场以外,还有第三大建筑,就是剧场。几乎每一个城邦都有剧场,人们今天仍然能看到遗址。希腊剧场可以说是比希腊的神庙和运动场影响更大的公共场所。为什么这

第八讲　古希腊悲剧的文化影响

狄奥尼索斯剧场（Theatre of Dionysus）
位于雅典卫城南侧，建于公元前 6 世纪

样说呢？因为自从希腊戏剧产生以后，看戏就成为希腊人日常文化生活最主要的一部分内容。古人不像我们今天有各种各样的文化形式供大家欣赏，那个时候影响力最大的可以说就是在剧场里面看戏。此前希腊人是听着荷马史诗一代一代接受教育的，但是史诗毕竟说者有限，听者也有限。一个人讲神话传说故事，充其量只能感染几十个人、上百个人，影响力是有限的，而且史诗、叙事诗，包括后来赞美神灵的抒情诗，都是比较高雅的艺术形式，受众往往也比较有限，而这种艺术传播形式本身也有局限，比如说史诗讲故事，你只能用耳朵听，不能用眼睛看。当荷马绘声绘色地说到阿喀琉斯、赫克托耳这些英雄在战场上对决的时候，你只能诉诸想象，通过听在脑海中形成画面。

但是自从有了戏剧以后，情况就完全不一样了。人们可以在剧场上一边听合唱队讲这个故事的背景，穿针引线（演员在舞台上对白或者独白，仍然是听），一边用眼睛去观看，因为戏剧是表演，表演是有形象的，所以实际上戏剧起到的作用就是把史诗这种纯粹通过声音讲述来传播的内容，和希腊雕塑这种通过凝聚的静止的人体形式而展现出空间的艺术形式结合在一起。它既有随着时间流逝的唱段对白，也有在空间中展现出动态的人物的表现，悲剧剧场中的角色演绎悲剧情节。这样一来，自戏剧产生以后，人们接受教育的形式就变得更加丰富多彩、更加立体化了，就不仅仅是用耳朵听，而且可以用眼睛看了。

如此一来，悲剧就成了普罗大众受教育的最主要的一个途径。而且希腊悲剧往往是在露天剧场上演，一个露天剧场依山而建，往往可以坐成千上万个观众。一个人口众多的城邦，比如雅典，有43000位公民，不可能人人都来看，因为有很多是乡下人，主要还是城里边、卫城附近的人来看。而像小城邦一般只有几千公民，一个剧场可以让所有城邦的公民都坐下。因此，悲剧的影响力特别大，对老百姓产生的影响和教育作用是其他的活动无法比拟的。我们讲过，奥林匹亚竞技会只有城市精英、社会精英才能参加，普罗大众是无缘参加的，而且四年才一届；而戏剧在希腊但凡碰到重大的节日都会上演,最初是在酒神节,后来扩展到一些重大的庆典、宗教仪式。

于是,戏剧就成为希腊人喜闻乐见的最重要的艺术形式,也是最重要的受教育的文化形式,以至于到了希腊城邦的鼎盛时期,雅典人以及希腊人普遍认为,一个国家的人民会不会看戏,能由此分辨出他们是野蛮人还是文明人,所以看戏就成为野蛮和文明的分水岭。一个不会看戏的民族,哪怕经济政治再发达,在希腊人眼里仍然是野蛮人,正因为如此,希腊人把波斯人看成野蛮人,把埃及人看成野蛮人,把巴比伦人看成野蛮人,这些民族都不会欣赏戏剧。而当后来希腊城邦衰落走向希腊化时代之后,希腊文化在东方的传播最主要的形式就是建剧场、演戏剧,这也是文明传播的一种形式。可见戏剧尤其是早先的悲剧,在希腊城邦人们的文化生活中起到了不可替代的作用。没有一种艺术形式像戏剧一样对希腊人产生这么深入的影响,毕竟它是雅俗共赏的,它的受众可以是全城邦的人民。而且雅典当时还做出了一个带有示范性意义的举动,就是在雅典看悲剧不仅不用买门票，甚至一些穷苦的公民还可以领到一份看戏津贴，其目的就是鼓励普罗大众更多地投入这种提高全民文明文化教养的艺术活动中来。正因为这样，悲剧在希腊成为一种老百姓喜闻乐见的艺术形式，影响非常大，吸引力也非常强。

前面讲过，希腊戏剧表现为两种形式，一种是悲剧，一种是喜剧，可以说希腊戏剧自产生以后就分道扬镳了。而城邦首先扶持推崇的是悲剧，因为悲剧比较崇高典雅。我们前面讲过，悲剧可以净化、深化人们的情感，淳化整个社会的道德风尚，所以悲剧在各个城邦大行其道，而喜剧最初在很多城邦是禁演的，因为它比较伤风败俗，比较粗鄙、下流、淫邪。

公元前5世纪下半叶，随着希腊城邦盛极而衰，喜剧应运而生。当时，雅典出了一个喜剧大师阿里斯托芬，他被称为喜剧之父。他创作了非常多的喜剧，最著名的有《阿卡奈人》《骑士》《鸟》《云》

《蛙》等。在这些喜剧中,他对当时的雅典政治进行了冷嘲热讽,把政治家说成最无聊、最没有道德、最哗众取宠的人物,对雅典每况愈下的民风以及逐渐走向腐败的政治进行了辛辣尖刻的讽刺挖苦,同时也对一些著名的希腊人物,比如当时雅典的大哲学家苏格拉底、第三位悲剧大师欧里庇得斯进行了同样的讽刺挖苦。所以喜剧在最初产生的时候主要表现为一种政治讽刺剧,或者对民俗文化价值的批判。随着希腊城邦每况愈下,日益衰退,喜剧的锋芒开始越来越显露,逐渐取代了悲剧的地位。

到了公元前4世纪,特别是到了希腊化时代,喜剧已经完全取代了悲剧,成为希腊化时代各个王国最流行的艺术形式。作为王国、帝国治下的希腊人,也就是希腊化时代的希腊人,已经没有城邦的公民意识了,他们对国家、对民族的责任感也就荡然无存了。所以这个时候人们追求的就是怎么能够得过且过,怎么能够在歌舞升平之中醉生梦死、声色犬马,怎么能够在一个无聊的世界里面获得幸福。当人们都在考虑这样的问题时,喜剧就极大地迎合了人们的需要。因此在希腊化时代流行的戏剧就不是那些让你沉思良久、感受到恐惧和怜悯的剧情，而是非常轻松、卿卿我我、儿女情长、男欢女爱，而且带有很多两性意味的比较粗俗的表达。这些都非常迎合大家得过且过、追欢逐利的心理，所以喜剧在希腊化时代就取代了悲剧，大行其道，而悲剧就日益走向衰微。

希腊悲剧的兴衰也是希腊城邦本身兴衰的一个晴雨表。当城邦达到鼎盛的时候，悲剧开始上升，达到了它的巅峰；随着希腊城邦的衰落，悲剧也每况愈下，而后逐渐被喜剧所取代。当然极少数人走向更高的地方，走向了哲学，但这些人为沉溺在喜剧意识中的普罗大众所不齿，所以这些向着更高的方向走上了哲学之路的人，最后在一个喜剧意识盛行的时代就成为牺牲品，成为真正的悲剧角色。欧里庇得斯被赶出城邦，苏格拉底被处以死刑，柏拉图也同样被驱逐出雅典城邦。这恰恰说明随着悲剧被喜剧这种艺术形式所取代，希腊的时代精神发生了重大的变化。随着喜剧意识的上升，悲剧时代就终结了。

从这个意义上来说,希腊文明、希腊文化最引人入胜的时代,也就随着悲剧的衰落而结束。这就是我们讲的第八个问题,希腊悲剧的文化影响。这里边涉及两点,一点就是在希腊城邦时代悲剧开始大行其道的时候,悲剧对人们的社会文化生活的影响。它成为人们接受教育最重要的一种形式,同时也是在全希腊所有文化形式里面影响最大的一种,成为雅俗共赏、大家都欣赏接受的一种艺术形式。而另一点就是从希腊悲剧到希腊喜剧的转变,本身就意味着时代精神的转换,意味着追求崇高和追求平庸,追求深刻的对命运的思考和沉溺在日常生活中得过且过、随波逐流的生活态度的差异。

下卷 古希腊哲学的意蕴

形而上学的宿命[1]

人类是一种具有神性的动物,先天被注定了一种形而上学的宿命。任何一个人,无论是满腹经纶的博学鸿儒,还是目不识丁的僻壤草民,在应对衣食住行等日常事务之余,都会对那些虚无缥缈的对象和不着边际的问题进行自觉或不自觉的思考,或至少会对这些对象和问题抱有一种朴素的好奇心。庄子曾说:"吾生也有涯,而知也无涯。以有涯随无涯,殆已!"近代德国哲学家康德曾在他的巨著《纯粹理性批判》中指出,一旦我们的思维超出了经验

---

[1] "形而上学"一词源于希腊语 ta meta ta physica,英语为 metaphysics,原意为"在物理学之后"。中文译为"形而上学",取意于《易经·系辞》中的"形而上者谓之道,形而下者谓之器"一语,意指关于极高深玄奥之物("道")的学问,因此亦称"玄学"。

领域而指向那些玄奥的超验对象时,我们将陷入一种二律背反的尴尬境地。20世纪捷克著名作家米兰·昆德拉也有一句名言:"人类一思考,上帝就发笑。"由此可见,古今中外的贤哲们都从不同角度说明了人类思辨的荒诞性。然而尽管如此,古往今来的每一代人都还是执着地去探究那些超验玄奥的对象,追问那些可能永无终极答案的形而上学问题。这种情况就如同飞蛾扑向火焰,虽然结局往往是悲剧性的,但是过程本身却充满了令人目眩神迷的魅力。

庄子无疑是一位大彻大悟的思想贤哲,他规劝世人不要作无谓之妄想,"以有涯随无涯",而倡导一种逍遥自得、清静无为的人生态度。然而,庄子的这种观点本身就是他对"无涯"之知进行深入思考之后得出的结论,倘若他未曾"以有涯随无涯",就不会懂得"巧者劳而知者忧,无能者无所求"的道理。可见庄子本人仍然逃不出形而上学的宿命,仍然会去探索那些虚无缥缈、不着边际的对象和问题。正是因为他深切地领悟到了"无涯"之知的博大精深和浩渺无限，才会劝告人们不要以"有涯"之生命去追求"无涯"之玄知。庄子貌似逍遥洒脱，然而其内心深处对"无涯"之知孜孜以求的苦乐悲欢，后世又有几人得知？

在这个充满了奥秘的宇宙之间，有一些问题是人类的理性永远无法理解的。公元2—3世纪西方著名的教父哲学家德尔图良曾经把人类的理性比作一个狭小的器皿，而上帝的奥秘则如同汪洋大海。当我们试图用理性这个狭小的器皿去容纳上帝（或宇宙）的无限奥秘时，自然会导致一种荒诞可悲的结果。这就是庄子所谓"以有涯随无涯，殆已！"的道理。然而，人类命中注定的形而上学本性却如同一条无形的皮鞭一般抽打着我们的灵魂，使得我们像希腊神话传说中的西西弗斯一样始终不懈地推动着"无涯"之知的巨石，顽强地要用有限的器皿去容纳无限的奥秘。这既揭示了人类生存的荒诞性和悲剧性，也彰显了人类精神的崇高性和神圣性。倘若人甘于像猪一样快乐地生活，他原本是不需要进行那些虚无缥缈的哲学思考的；但是人类生存的荒诞性和崇高性恰恰就在于，他的神性禀赋驱使他宁愿做一个痛苦的哲学家（自觉或不自觉的），也不愿做一头快乐的猪。

人类生存的这种荒诞性和崇高性也决定了哲学的基本特性，即哲学是一种"说不可说"或者永无终极定论的学问。这是由于哲学所探究的对象和思考的问题不属于经验世界，而属于看不见、摸不着的形上世界。20世纪英国著名哲学家和数学家罗素在他那本获得了诺贝尔文学奖的名著《西方哲学史》的绪论开篇处就明确地写道：

> 哲学，就我对这个词的理解来说，乃是某种介乎神学与科学之间的东西。它和神学一样，包含着人类对于那些迄今仍为确切的知识所不能肯定的事物的思考；但是它又像科学一样是诉之于人类的理性而不是诉之于权威的，不管是传统的权威还是启示的权威。一切确切的知识——我是这样主张的——都属于科学，一切涉及超乎确切知识之外的教条都属于神

学。但是介乎神学与科学之间还有一片受到双方攻击的无人之域；这片无人之域就是哲学。思辨的心灵所最感到兴趣的一切问题，几乎都是科学所不能回答的问题；而神学家们的信心百倍的答案，也已不再像它们在过去的世纪里那么令人信服了。[1]

这些科学无法回答而神学的答案又不再令人信服的问题，就是哲学思考的对象。

罗素接着列举了一些属于哲学领域的问题，例如这个世界是分为"心"和"物"的吗？如果是这样的话，"心"是什么，"物"又是什么？宇宙本身是否具有目的性，它是否始终如一地向着一个目标演进？究竟有没有客观的自然律，抑或我们所谓的自然律只不过是出于我们热爱秩序的某种天性？人究竟是像天文学家所看到的那样，是在一个渺小的

---

[1] 罗素：《西方哲学史》上卷，何兆武、李约瑟译，商务印书馆，1963，第11页。

星球上无助地爬行着的一小堆碳水化合物,还是像哈姆莱特所赞美的那样,是"宇宙的精华,万物的灵长"?有没有一种生活方式是高贵的,而另一种生活方式是卑贱的,还是一切生活方式都是虚幻无谓的呢?善是否具有永恒性,即使宇宙会坚定不移地趋向毁灭,我们仍然应该追求某种终极性的善吗?究竟有没有智慧这种东西,还是看来仿佛是智慧的东西仅仅是一种极其精致的愚蠢呢?对于这些问题,中外哲学家们已经思考、争论了好几千年,但是迄今为止仍然没有形成确切的答案,它们或许永远都不会有确切的答案,因为这些问题已经远远超出了有形事物的经验范围,属于人类理性无法把握的形而上学领域。罗素总结道:"对于这些问题,在实验室里是找不到答案的。各派神学都曾宣称能够做出极其确切的答案,但正是他们的这种确切性才使近代人满腹狐疑地去观察他们。对于这些问题的研究——如果不是对于它们的解答的话——就是哲学的业务了。"[1]

---

1 罗素:《西方哲学史》上卷,第12页。

此外，还有一些同样具有形而上学特点的问题，例如生与死的关系问题，此生结束之后是否还会有另一种生活状态？宇宙如此博大浩瀚，它最初是怎么产生的？万物的生长与毁灭究竟是被一个无形的命运之手所支配，还是完全出于个体自发的偶然性？上述这些问题，以及罗素所列举的这些哲学问题，每一个人都曾经自觉或不自觉地思考过。即使是一个大字不识的山野老农，也会在酒足饭饱、仰望星空时，以一种粗鄙通俗的方式对这些问题进行胡思乱想。世界上为什么会有80%以上的人信仰各种宗教？就是因为他们对死后的状态无法确定。倘若他们根本不去思考死后的问题，像孔子所教导的那样对死亡采取一种"未知生焉知死"的态度，他们也不会去信仰什么宗教了。可见，人活着的时候就会思考死亡，然而在死亡真正到来之前，我们永远都无法对死后的状态获得确切的知识。正是这种对死亡的无知状态才使我们畏惧死亡，而那些形形色色的宗教信仰恰恰都是对死后状态的一种肯定性承诺，它们成为在死亡问题上茫然无助的心灵的可靠栖息所。但是这些宗教信仰并不等同于哲学思辨，也不能替代哲学思辨。一个人无论是由于宗教信仰而相信灵魂不朽，还是由于无神论信念而相信灵肉俱灭，他仍然经常会在内心深处对自己的信仰产生一种怀疑或批判。这种怀疑精神和批判意识，就是真正的哲学素质。

　　从这种意义上来说，形而上学性乃是人类的一种天赋禀性或宿命，每个人都会以自己的方式来思考那些虚无缥缈的哲学问题，区别仅仅在于，这种思考是一种自觉的反思，还是一种朴素的感悟。而且，正是由于哲学的对象乃是一些玄奥之物，哲学往往被人们看作一种无用之学。美国哲学家詹姆士曾经明确宣称："哲学不能烤面包！"然而，诚如庄子所言："人皆知有用之用，而莫知无用之用也。"哲学之妙用不在于改变客观世界，而在于提升主观境界——对于具有不同哲学修养的人来说，同样的客观世界将呈现出完全不同的色彩、形象和意义。我们每个人都只能用自己的眼光和思维方式来观察世界和思考世界，改变了眼光和思维方式，你将感悟到一个完全不同的世界。

早在两千多年以前,自由浪漫地生活在爱琴海畔的希腊人就开始以一种独特的方式,对宇宙的本原等形而上学问题进行自觉的哲学思考。这些哲学思考即使对于身处高科技时代的我们来说,仍然具有极其深刻的启示意义。重温这些哲学思考,在西方哲学的小径上进行自由的思想徜徉,将使我们的心灵获得极大的裨益;让我们暂时从喧嚣的尘世和繁忙的俗务中解脱出来,追随西方哲人的思想轨迹去遨游深邃玄奥的哲学星空……

诸神的谱系与世界的本原

说起希腊,人们往往会自然而然地想到美丽浪漫的神话传说、激烈优雅的奥林匹亚竞技会、美轮美奂的造型艺术,以及寓意深刻的希腊悲剧。然而,希腊不仅是一个神话和艺术的民族,而且也是一个哲学的民族,与上述那些卓越的文化成就同样流芳百世的,还有深邃玄奥的希腊哲学。事实上,早在希腊人以直观的神话思维方式来追寻自己家族的起源时,就已经表述了一种关于宇宙起源和自然演化的世界观,已经朦朦胧胧地接触到了关于世界本原的哲学问题。黑格尔、恩格斯等人曾经表述过关于个体发生与种类发生之间的相似性的观点,诚如我们每个人在幼儿时期就已经以一种懵懵懂懂的方式追问过万物的本原问题一样,希腊民族在尚未创立独立的哲学体系之前,就已经在感性的神话传说中表述了关于宇宙起源的世界观。正是这种朴素的终极性追问,最终引导着城邦时代的希腊人走向了深奥而富于理性的哲学殿堂。就此而言,神话构成了哲学的史前史。

早期希腊城邦社会奉行等级制度,作为城邦统治者的贵族阶层,往往会把自己的祖先说成某位神灵的后裔,即所谓的"英雄"(hero 这个词的希腊原意就是指"半神",即身上流着一部分神的血),从而为自己家族的现实统治确立一种神圣性的根据。因此,希腊人就会在追溯家族祖先或英雄的起源时,上溯到诸神的谱系。而希腊神话是一种自然崇拜的原始宗教,诸神分别象征着某种自然现象或社会现象,例如该亚是大地母神、宙斯是雷电之神、阿波罗是太阳神、雅典娜是智慧女神等,所以诸神在谱系上的繁衍演化实际上就反映了古希腊人对宇宙起源和自然演化的朴素观点。早在"黑暗时代"逐渐消退、希腊城邦制度初现端倪的公元前 8 世纪,一位与荷马一样扬名后世的游吟诗人赫西俄德就在他的著名诗篇《神谱》中表述了这种朴素的世

界观:

> 最先产生的确实是卡俄斯（混沌），其次便产生该亚——宽胸的大地，所有一切以冰雪覆盖的奥林波斯山峰为家的神灵的永远牢靠的根基，以及在道路宽阔的大地深处的幽暗的塔耳塔罗斯（地狱）、爱神厄罗斯……大地该亚首先生了乌兰诺斯——繁星似锦的皇天，他与她大小一样，覆盖着她，周边衔接……大地未经甜蜜相爱还生了波涛汹涌、不产果实的深海蓬托斯。后来大地与广天交合，生了涡流深深的俄刻阿诺斯、科俄斯……[1]

在赫西俄德讲述的这段神话中，我们可以看到一幅感性直观的宇宙起源图谱——宇宙最初是一片鸿蒙未开的混沌（卡俄斯），从混沌中产生出大地该亚（大地构成了万物之母）、地狱塔耳塔罗斯（有

---

[1] 赫西俄德:《工作与时日 神谱》，张竹明、蒋平译，商务印书馆，1991，第29—30页。

大地就应该有地狱,二者分别是生与死的处所)、爱神厄罗斯(即广义的两性相合)等最原始的神祇;然后大地自性繁殖,产生出皇天(乌兰诺斯)和海洋(蓬托斯);再往后则是大地与天宇相结合,产生出象征着天地之间的日月星辰、山川河流的泰坦神族,最后到了以宙斯为首的奥林匹斯神族中又出现了象征社会现象——战争、智慧、商业、文艺等——的诸神。可见,在这个感性直观的神谱背后,表现了古希腊人关于宇宙起源和自然演化的哲学思想。

因此,当生活在公元前7世纪的希腊"哲学之父"泰勒斯第一次以哲学的方式宣称万物都是从水中产生的时候,他并不是突兀地悟出了这种观点,而是顺理成章地从希腊神话中提升出结论。在赫西俄德的《神谱》里,以及在荷马史诗《伊利亚特》和《奥德修纪》中,都特别强调海洋之神、河流之神的原始性。古希腊人生活在爱琴海畔,水在他们的生活中占有非常重要的地位。在《荷马史诗》中,宙斯的妻子赫拉就把河神俄刻阿诺斯称为自己的始祖。在《伊利亚特》中，人们在发誓时会说道："请你一手抓住金光闪闪的斯提克斯河，一手抓住丰产的大地，向我发一个誓。"丰产的大地就是最古老的神祇该亚，而金光闪闪的斯提克斯河与大地并列，可见他也是深受人们尊崇的。二百多年以后，古希腊哲学的集大成者亚里士多德在解释泰勒斯的观点时指出，古希腊人借以发誓的东西通常就是他们最尊崇的东西，而他们最尊崇的东西也就是最古老的东西。所以当泰勒斯说万物都产生于水的时候，他无疑是从希腊神话中受到了某种启发。

希腊哲学自产生伊始，就开始关注"本原"问题，这就如同我们每个人在刚刚开始运用初萌的理性来思考世界时，必定会首先追问世界是从哪里来的问题一样。在希腊语中，"本原"（arche，或译"始基"）一词就是表示"开端"或者"最初的东西"。这个概念虽然是在泰勒斯的学生阿那克西曼德那里才开始使用的，但是追问万物本原的冲动早在希腊神话中就已经表现出来了。泰勒斯不同于赫西俄德、荷马等神话诗人的地方仅仅在于，他第一次试图摆脱神话思维模式的影响,直接运用理性从自然界中去寻找万物的本原。正是这种直接诉诸自然物质的做法,使他赢得了"哲学之父"的美誉。

泰勒斯的做法开创了希腊哲学的一个源流,即运用一种还原论的方法从纷纭复杂的自然现象中溯寻出某种本原性的开端。自他之后,一批后继者们又先后提出了"气是万物本原"(阿那克西米尼)、"火是万物本原"(赫拉克利特)、"水、气、火、土以不同的组合方式共同构成万物本原"(恩培多克勒)、"种子(即各种事物最小的微粒)是万物本原"(阿那克萨哥拉)、"原子(不可分的物质单元)是万物本原"(德谟克利特)等各种观点。这些观点或者试图从时间上进行回溯,或者试图从空间上进行分割,说到底都是运用一种还原论的方法,从杂多、变幻的现象世界中寻找最初或最小的原点。这种做法与我们今天所熟悉的自然科学非常类似,所以泰勒斯及其继承者们的哲学体系往往被叫作自然哲学,他们寻找万物本原的做法与现代宇宙学探索宇宙起源以及微观物理学分离基本粒子的做法如出一辙,差别只在于后者要借助高科技的研究手段,前者则是一种纯粹的思辨。但是二者都试图化繁为简、化多为一,运用一种还原论方法从形形色色的大千世界溯寻出某种单纯的原始起点——无论是时间上的原点(如宇宙大爆炸)还是空间上的原点(如基本粒子)。这一派的观点通常也被叫作唯物主义,因为他们所确认的世界本原都是一些具有广延性(即占有空间)的自然物质,如水、气、火、土、种子、原子等。对于从小就深受唯物主义和科学主义教育的现代中国人来说,希腊自然哲学关于万物本原的观点无疑具有一种亲和性,因为它始终都立足于自然物质和有形世界来谈论万物本原的问题,并未超越到一个形而上的缥缈云端中。

"哲学"(philosophy)一词在希腊语中的原意是"爱智慧",虽然在最初的时候希腊人并没有区分智慧与知识,但是随着哲学的不断发展,智慧与一般知识之间的界限就变得越来越明显了。所以到了亚里士多德那里,智慧不仅不同于经验(个别知识),而且也与仅限于某种具体科学和生产部门范围内的技术（普遍知识）相区别了。一般知识的对象是特殊的存在物，而智慧所关注的却是世界的终极原因，即"存在本身"或"作为存在的存在"。当泰勒斯等希腊自然哲学家们把眼光投向"本原"问题时，他们已经超越了关于特殊存在物的知识，深入了探究世界终极原因的智慧层面。但是他们对终极原因的理解仍然停留在形而下的质料层面，尚未上升到抽象的本质或形式。就此而言，希腊自然哲学虽然构成了整个希腊哲学的开端或源头，但是哲学尚未挣脱刚一出生时就紧紧裹在身上的科学胞衣，还没有将自身提升到形而上学的高度。而关于有形质料的"背后的东西"的理性思考，关于希腊神话和悲剧中的那个自身不出场、却决定着在场事物的兴衰泰否的神秘"命运"的哲学探询，就要等到希腊人开始把眼光从具象的"形"转向抽象的"数"的时候，才会逐渐变得清晰起来。只有到了这时，哲学作为一门独立的学科才真正地告别了神话的祭坛，走向了理性之思的幽深境界。

"命运"与"背后的东西"

　　素以优美著称的希腊神话传说不仅演绎出许多感性明朗的动人故事,而且也表达了一种具有悲剧特点的深刻命运观。无论是威风凛凛的天界诸神,还是气宇轩昂的人间英雄,都会受制于某种不可把握的神秘"命运"。例如,泰坦神族的神王克洛诺斯受命运的支配取代了父亲天宇之神乌兰诺斯的统治,他明明知道自己的统治也将被一个儿子所取代,而且为了避免这种不幸结局而采取了种种防范措施,但是他的儿子宙斯最终还是取代了他。再如希腊大英雄阿喀琉斯由于出生时曾被母亲大海女神忒提斯倒提着脚踵浸泡在冥河之中,因此铸成了金刚不坏之身,唯有两个脚踵是他的致命弱点。尽管忒提斯已经预知她儿子的致命弱点将会在特洛伊战争中被人射中,想尽办法不让阿喀琉斯前往特洛伊

希腊的精神

《阿喀琉斯之死》
彼得·保罗·鲁本斯，板上油画，1630—1635，107.1cm×109.2cm
博伊曼斯·范伯宁美术馆

参战，但是最后的结局却仍然阴差阳错地让阿喀琉斯这位顶天立地的大英雄死在了特洛伊花花公子帕里斯——正是他诱拐海伦而引发了特洛伊战争——的箭下。诸如此类的命运故事不胜枚举，它们给感性明朗的希腊神话传说抹上了一层淡淡的忧郁之影。

希腊神话中这种尚处于朦胧状态的命运思想，在公元前6世纪产生的希腊悲剧中变得清晰起来，并且成为希腊悲剧深刻而隽永的经典主题。

在本书的上卷我们讲过，当踌躇自信的俄狄浦斯讥讽盲人先知忒瑞西阿斯——正是他说出了俄狄浦斯是杀父娶母的真凶——的头脑像眼睛一样瞎时，后者对俄狄浦斯说道："你有眼睛，你却看不到自己罪在何处，看不到自己生活在哪里，也看不到自己和谁生活在一起。"而当俄狄浦斯终于意识到自己在无意中犯下的可怕罪过，并为此而刺割了自己的双眼时，他才真正明白了命运，用内在之眼"看见"了那位盲人先知所揭示的奥秘。这里面蕴含着一个极其深刻的启示：我们肉眼所看到的往往只是一些转瞬即逝的假象，而永恒的真理（"命运"）只有通过心灵的眼睛才能洞悉。当凡俗的眼睛关闭时，神圣的明眸就睁开了，只有它才能看到那个潜藏在现象背后并决定着一切的"命运"。

希腊悲剧所刻意烘托的这种凡胎肉眼看不见，但是却决定着主人公的生死离合的神秘"命运"，构成了希腊形而上学的重要思想来源。与崇高典雅的希腊悲剧相呼应，在希腊下层社会中流行着一种阴郁诡异的民间宗教——奥尔弗斯神秘祭，它宣扬灵魂在宇宙间不同生物中轮回转世的信仰，并且特别强调一种命运决定论思想。按照奥尔弗斯神秘祭的说法，不朽的灵魂与有死的肉体只是暂时结合在一起，肉体是灵魂的囚笼和魔沼，用各种粗鄙的欲望来诱惑和蒙蔽灵魂的感官；而灵魂则力图挣脱"生之轮回"的窠臼，最终超越肉体的羁绊，上升到永恒的宁静之域。灵魂作为栖居在肉体之中的无形无状之物，受着严格的必然性或"命运"的支配。奥尔弗斯宗教的一幅关于冥界情景的图画充分表现了命运决定论的思想，在这幅图画中，科林斯国王西西弗斯由于得罪神明而被惩罚在地狱中日复一日地推石上山（每次石头被推至山顶就会滚落下来），在他身后跟着一个手执皮鞭的亚男克（Ananke，即"必然"或"强制"之神）。在希腊神话中，这位亚男克与命运女神摩依拉、正义女神达克、复仇女神厄里倪厄斯等神祇往往是结伴相随的，他们都代表着一种强制性的力量。这种力量是潜藏在事物背后的东西，它不可抗拒，也无法直观，只有通过睿智的心灵之眼才能洞察。

公元前6世纪，既是神秘宗教团体创始人，又是天才数学家的毕达哥拉斯——据说他是第一个自称"哲学家"（philosopher，即"爱智者"）的人——从奥尔弗斯信仰和数学研究中悟出了一个深刻的道理，那就是在流变不居的万物背后，都有着某种规定性的东西。他把这种东西叫作"数"，并由此提出了"数是万物本原"的哲学观点，从而开启了希腊形而上学的源流。与那些追寻物质形态的世界本原（水、气、火等）的自然哲学家不同，毕达哥拉斯一上来就把眼光投向了某种"背后的东西"。万物是形

希腊的精神

《西西弗斯》

提香,布上油画,1548—1549,216cm×237cm

普拉多博物馆

态各异的，但是任何事物都具有数的规定性，这就是万物的异中之同。"数"之于具体事物的关系，就如同希腊悲剧中"命运"之于剧中主人公的关系一样。表面上是事物在生灭变化，是主人公在舞台上手舞足蹈，但是实际上真正起作用的却是那个不出场的"数"或"命运"。虽然我们无法直观到"数"本身（我们只能看到"数"寓于其中的具体事物），但是这个不出场的"数"却决定着事物的生灭变化、兴衰泰否，诚如神秘的"命运"决定着诸神和英雄的结局一样。世间万象，说到底都受"数"的制约，这"数"亦可称为"定数"，它就是事物的命运。每当"数"发生了变化，事物也就会相应地变化。我们每个人实际上就是一堆数字，这一点，当你到医院去做体检时就会清晰地意识到。在体验报告中，你整个人就体现为一大堆数字，这些数字如果在规定的域值之内，就说明你是一个健康的人；否则你的身体就出问题了。

毕达哥拉斯是一个伟大的数学家，他证明了著名的毕达哥拉斯定理（中国称为"勾股定理"）。这个数学定理在哲学上的启示意义就在于,数是一种寓于形并且决定形的"背后之物"。形是具象的,数却是抽象的,但是抽象之物却构成了具象之物的本质或"命运"。这种"背后之物"决定和制约着在场之物的思想,就是西方形而上学的基本观点。

不同于水、火、气等自然本原与万物之间的外在联系(本原转化为万物),"数"与万物的联系是内在的和本质性的(本原寓于并决定万物)。就此而言,当毕达哥拉斯提出"数是万物本原"的观点时,他一下子就把哲学提高了很多,把眼光从生灭变化的感性之物转向了现象背后的永恒本质,正如俄狄浦斯在关闭了肉眼之后才能用心灵之眼看到"命运"一样。这种通过抽象的思想(而不是感性的器官)来把握"背后的东西"的做法,在西方哲学发展史上是一个伟大的思想飞跃。

自从毕达哥拉斯开启了西方形而上学源流之后,越来越多的西方哲学家都把眼光投向了"背后的东西"。赫拉克利特在生灭流变的火和万物背后看到永恒不变的"逻各斯"(赫拉克利特明确表示,"逻各斯"就是万物的"命运"),柏拉图提出了抽象的理念世界与具体的感觉世界相对立,而基督教神学则用信仰中的世界(天国)来否定肉眼中的世界(现世)。西方形而上学的整个发展历程,最初都滥觞于希腊神话和悲剧中所展现的神秘"命运"。

可见之物、可思之物与可信之物

中国有一句俗语,叫作"耳听为虚,眼见为实",这句老话用今天的方式来说,就是"实践是检验真理的唯一标准"。实践是一种客观的感性物质活动,它建立在经验观察和实验的基础之上。中国人自古以来就比较相信自己的眼睛,相信被感性经验所验证过的东西;至于那些超出经验范围之外的虚幻之物,中国人尤其是儒家知识分子(士大夫)往往抱着一种不置可否、敬而远之的存疑态度,所谓"六合之外,圣人存而不论",讲的就是这个道理。

但是在希腊,自从哲学产生之后,哲学家们就开始把眼光投向了看不见、摸不着的抽象之物(数、逻各斯、理念等),甚至用这些思想中的抽象之物来贬抑、否定感性世界的可见之物。希腊最初的哲家如泰勒斯、阿那克西米尼等人还仍然执着于某种感性的自然物（水、气等），把这些可见的自然物说成万物的本原。但是到了毕达哥拉斯那里，第一次石破天惊地提出了"数是万物本原"的观点，一下子就改变了希腊哲学的路向和旨趣，开始关注"背后的东西"。两千多年后的黑格尔在评论毕达哥拉斯的哲学贡献时，赞扬他"形成了实在论哲学向理智哲学的过渡"。这句话的意思是说，毕达哥拉斯的"数本原说"把哲学的眼光从可见的实在事物转向了只有思想（理智）才能把握的抽象之物。这种试图用看不见、摸不着的可思之物（本质）来说明感性的可见之物（现象）的做法，奠定了西方哲学从毕达哥拉斯、柏拉图一直到黑格尔的"本质决定存在"的形而上学传统。

凡是学习过解析几何的人都懂得，"形"与"数"是一种互为表里的关系，任何几何图形在理论上都可以表达为一个代数方程式。"形"是在场的可见之物，"数"是背后的隐匿之物，二者之间的关系就如同希腊悲剧中的主人公与"命运"的关系一样。

二者不可分割却又相互区别，任何"形"都有一个"数"与之对应，但是这个"数"却往往处于一种遮蔽状态中。正如我们每个人虽然都有自己的命运（定数），但是我们却往往对此命运视而不见、听而不闻一样。公元前5世纪，毕达哥拉斯学派——该学派的成员都是一些既精通数学又具有神秘主义气质的人——中一位名叫希帕索的人根据毕达哥拉斯定理（勾股定理），发现了一个令人尴尬的秘密：在一个等腰直角三角形中，当两条直角边分别等于1时，无法用一个整数或者分数来表示那条斜边的长度。因为当时的希腊人只知道自然数，对于他们来说，一个数不是奇数就是偶数、不是整数就是分数，然而在两直角边分别为1的直角三角形中，其斜边却是一个既非奇数亦非偶数、既非整数亦非分数的无理数。这个发现后来被称为数学史上的第一次危机，即"无理数危机"。据说希帕索由于发现了这个令人尴尬的秘密，动摇了毕达哥拉斯定理在形与数之间建立起来的同一性，因而被逐出毕达哥拉斯学派，并被扔入海中，死于非命。但是这个数学上的危机在当时也引起了哲学方面的相应感悟，哲学家们越来越倾向于认为,像"数"这样隐匿在背后的东西往往是神秘的、一般人难以把握的,它比可见的"形"更接近真理。由此就导致了"数"与"形"、思想之对象与感官之对象的分裂和对立,诚如大数学家和大哲学家罗素所言:"人们根据数学便设想思想是高于感官的,直觉是高于观察的。如果感官世界与数学不符,感官世界就更糟糕了……结果所得的种种启示就成了形而上学与知识论中许多错误的根源。"[1]

现在人们必须面对两种相互联系却又迥然而异的东西,一种是感性的可见之物,另一种是抽象的可思之物。后世几乎所有的西方哲学家,都必须对这二者之间的关系做出说明。凡夫俗子固然无法摆脱可见之物的影响,沉溺在感官世界中;但哲学家之为哲学家(爱智者)就在于他不为凡俗之见所羁绊,力图用心灵或理智之眼来取代肉体之眼,从"眼见为实"的成见之域跃升到"思想为实"的

---

[1] 罗素:《西方哲学史》上卷,第61—62页。

超越之境。这种现象与本质、经验与形而上学之间的分殊和对立在被称为"辩证法创始人"的赫拉克利特那里明显地突显出来。这位生活在公元前6—前5世纪、以行为乖僻和思想晦涩著称的希腊哲学家,一方面认为整个世界无非就是一团不断燃烧、不断熄灭的永恒活火,另一方面又强调这种周而复始的燃烧和熄灭是严格地遵循某种既定的"尺度"而进行的,他把这种不可变更的尺度叫作"逻各斯"(logos)。从此以后,"逻各斯"一词就成为西方哲学的一个核心概念,无论是神话中的命运或亚男克(必然性),还是哲学和科学中的本质、实体、逻辑、语法、规律等概念,说到底都是"逻各斯"。这样一来,赫拉克利特就在人们面前展现了一对相互联系又相互对立的东西,感性世界中的火(以及万物)与理智世界中的"逻各斯"。前者是形态杂多和变动不居的,后者却是独一无二和不变不动的,然而后者却决定了前者,规定和制约着前者运动、变动的方向与结果。世界确实是变动不居的,赫拉克利特也强调,"人不可能两次踏进同一条河流",因为河水在不断地流淌,此时之河已非彼时之河。但是他本人却不为流俗之见所动,而是独具慧眼地宣称:"承认一切是一,那就是智慧的。"一般人沉沦于热闹纷呈、流变不已的现象世界,哲学家却致力于追问那个隐匿在背后的"逻各斯"。这种在动中求静、在多中求一的辩证思维,与佛教于色相中体悟真如的般若如出一辙,都表现了一种高屋建瓴的大智慧。

逻各斯与火(及万物)的分殊和对立,后来在巴门尼德、柏拉图等人那里分别表现为存在与非存在(虚假的存在)、理念世界与感性世界之间的对立,再往后在基督教神学中就表现为上帝之城与世俗之城的对立。中世纪基督教的圣洁理想,就是建立在超凡脱俗的灵性呼唤之上。就此而言,基督教神学关于灵魂超越肉体的唯灵主义信仰,无疑是对希腊形而上学,尤其是对柏拉图主义的最佳诠释。与古希腊多神教讴歌现实生活、赞扬感性之美的基调截然相反,中世纪基督教极力诋毁一切具有感性魅力的东西。例如,基督教神学理论的奠基者奥古斯丁在《忏悔录》中记载,他本人不仅有效地克制了男女之欲和口腹之欲,而且也成功地抵御了"美丽的形象"和"鲜艳的色彩"的诱惑。基督教的修道士们远离喧嚣的凡尘,清心寡欲、苦修苦行,用心中的信仰来抵制各种物质的欲望。而一般的平信徒也坚信,现实世界中只有罪孽与苦难,只有当悔罪的灵魂进入彼岸的天国之后,才可能得到救赎和幸福。由此可见,古希腊社会中曲高和寡的形而上学思想,到了中世纪基督教社会,就以一种灵肉对立的信仰形式极大地影响了西方人的人生态度。希腊哲学关于可思之物与可见之物相分殊的思辨理论,也就转变为用信仰之国来超越可见之域的宗教实践。可见之物与可信之物的分殊也不再仅仅是见识方面的浅薄与深邃之分,而且也被赋予了道德方面的含义,它甚至意味着魔鬼与上帝的对峙。19世纪德国著名诗人海涅对这种对峙的状况描述道:

> 邪恶的撒旦和善良的基督对立着,基督代表精神世界,撒旦代表物质世界;我们的灵魂属于精神世界,肉体属于物质世界;从而,整个现象世界,即自然,根本是恶的;撒旦,这

黑暗的主宰者,就想用它来引诱我们堕落;因此,必须谢绝人生中一切感性快乐,对我们的肉体,这个撒旦的采邑,加以折磨,这样才能使灵魂越加庄严地升到光明的天国,升到基督光辉灿烂的国度。[1]

与沉溺于现象世界的经验主义相比,试图追问本质之维的形而上学无疑是高深玄奥的,但却往往容易误入奇思异想、天花乱坠的神秘之渊。与关注形上之物和信仰维度的西方人不同,传统的中国人比较执着于可见世界,专注于现实的道德修为和经世致用活动,而对纯粹的形而上学和玄奥的神学采取一种敬而远之的态度。与西方人重思辨、尚超越,主张学以致知或学以致信的文化特点不同,中国人素来重实用、黜玄想,主张学以致用。当然,西方人到了近代以后也转向了学以致用,开始把眼光从玄奥抽象的形而上学和神学之维转向了实用的

---

[1] 海涅:《论德国宗教和哲学的历史》,海安译,商务印书馆,1974,第16页。

科学技术领域。但是在以往漫长历史过程中所培养的那种超越的思想维度，却为西方近代以来的文化转型奠定了重要的内在精神根基。这就像金庸武侠小说中的那些武功盖世的人物，最初往往都是从气运丹田的内功开始练起一样。相形之下，今天我们过分偏重于实用的思维方式，多少就有些缺乏深沉的底蕴了。

辩证法与神秘主义

生活在公元前 6—前 5 世纪的希腊哲学家赫拉克利特不仅提出了"火本原说"和"逻各斯"理论，而且还被后世的人们誉为"古代辩证法的奠基人"。素以思想晦涩著称的黑格尔在谈到赫拉克利特时，称他为"晦涩的哲学家"，由此可见其哲学思想有多么晦涩！赫拉克利特的哲学之所以显得特别晦涩，主要是由于他那玄奥深邃的辩证法思想。辩证法自诞生之日起，就与关注"背后的东西"的形而上学有着千丝万缕的精神联系，而且从一开始就表现出某种神秘主义的意韵。

当人们置身于现象世界时，往往很难觉察出事物本身的发展变化。对于一般人来说，能于此物中看到他物，于静止中看到运动，于单一中看到繁多，无疑已经是一种高屋建瓴的智慧了。倘若能够更加精进一步，超越此物与他物之差异，于运动变化中悟出涅槃永恒，从纷繁芜杂中窥见单纯同一，那就更是一种大彻大悟的般若境界了。这种超凡脱俗的般若之识，对于凡夫俗子而言，无疑具有浓郁的神秘主义味道。因此，古代社会中那些具有深邃辩证思维的哲学家，往往会因其思想与大众常识相悖逆而命运乖张。他们不是出于愤世嫉俗而采取离群索居的生活方式，就是由于触犯众怒而亡命他乡，甚至命丧黄泉。前者如赫拉克利特，后者如苏格拉底、柏拉图师徒。

赫拉克利特是爱非斯城邦的王族，原本可以继承王位，享尽荣华富贵，但是他却主动放弃王位，遁迹山林。赫氏为人狂放不羁，行为乖僻，平素喜爱与儿童掷骰子为戏，时常说出一些貌似谵妄的深刻箴言。他一方面表示，万物流变，无物常驻，存在之物就如同一条不停流动的河流，人不可能两次走进同一条河流；另一方面又认为，纷繁变化之物

《赫拉克利特》
亨德里克·特尔·布鲁根（Hendrick ter Brugghen），1628，
布上油画，70cm × 85.5cm
荷兰国立博物馆

实际上只是那永恒不变之"逻各斯"的诸多现象，对立之物的相克相生，生与死、醒与梦、少与老之间的相互转化，说到底不过是"同一的东西"罢了。因此，从一切产生一，从一产生一切，这种见识才是永恒的智慧。赫拉克利特因为语言晦涩、思想深邃而被同时代的人们所不解，他自己也孤芳自赏地宣称，一个优秀的人抵得上一万个平凡之徒。赫拉克利特晚年因患水肿而去城里求医，他不说自己得了水肿病，而是用诡异的语言询问医生如何可以使洪水泛滥的河谷变得干涸。医生听不懂他的隐喻之言，因此这位古希腊辩证法的奠基人只能在神秘的晦涩中无助地死去。

其实早在赫拉克利特之前，希腊"哲学之父"泰勒斯的学生阿那克西曼德就已经以一种否定的方式表达了最初的辩证思想。他对其师泰勒斯提出的"水本原说"不甚满意，进而认识到一切有形之物都有其局限性。因为一个事物之所以是该物，就在于它已经具有了某种规定性；而一旦当此物具有了某种规定性，它就不可能再是他物了。因此，像水

（以及后来的气、火等）这样的有形或限定之物，是不足以作为其他事物的本原的。阿那克西曼德不是用一物来取代另一物作为万物的本原，而是从根本上超越了一切有限制的东西。针对一切有形有限之物，他提出了一种无形无限的东西，即"阿派朗"（apeiron，无限或无定形）来作为万物的本原。火固然不同于水，甚至与水截然对立，但是火与水都是有形有限之物。而"阿派朗"作为无形无限之物，则从根本上超越了水火之间的对立。在水、火、土、气等相互分殊甚至彼此对立的有形之物背后，有一个无形无相的本体，它超越了一切形式或规定性，因此，只有它才有资格成为宇宙万物的真正本原。这"阿派朗"就如同道家所言的"道"一样，它是说不清、道不明、恍兮惚兮、玄而又玄的"万物之始"或"万物之宗"。所谓"道可道非常道"，所谓"大道无形"，表达的都是同一个道理。这无法言说的"阿派朗"或"道"只能以否定的方式来加以表述，即我们只能说它不是什么，却不能说它是什么。这个绝对的否定者，就是一切肯定之物（有形之物）的真正本原。两千多年以后出现的博大精深的黑格尔哲学,同样也是从这个不具有任何规定性的"纯存在"(或者什么都没有的"纯有")开始的。这个"纯存在"由于缺乏具体的内容或规定性,因此它实际上就等同于"非存在"或"无"。然而"存在"与"非存在"、"有"与"无"毕竟是一对直接对立的概念,而从"存在"到"非存在"或者从"有"到"无"的转化就意味着第三个概念的出现,这就是"变易"。因此,"有"(存在)、"无"(非存在)和"变易"就构成了黑格尔逻辑学最初 个否定之否定三段式。

自从阿那克西曼德以后,西方许多具有深刻思辨倾向的思想家,都喜欢以一种否定方式来指称那至高无上的对象,如上帝等,从而产生了独具特色的否定哲学或否定神学。公元2—3世纪的基督教神学家德尔图良认为,作为创世主的上帝具有无限的奥秘,这些奥秘绝非我们有限的理性所能窥透。他把我们的理智比喻为一个有限的器皿,而把上帝的奥秘比作汪洋大海,如果这个器皿无法盛下汪洋大海,那只能说明我们理性本身的可怜和渺小。由此可见，我们的理性器皿只能盛下有限的经验事物，但是对于无限的终极实在（如上帝、宇宙本原等），就只能通过一种辩证的否定方式来加以表述了。

辩证法最深刻的意义就在于它揭示了现象与本质之间的矛盾。然而对于沉溺在现象世界中的芸芸众生来说，辩证法所揭示的那个与现象世界相矛盾的本质世界乃是一个无法用感官来验证的神秘域界。因此，他们对于这个"背后的世界"的态度，要么就付诸单纯的信仰，要么就斥之为无稽之谈。但是哲学家们却孜孜不倦地以探究本质世界为人生鹄的，锲而不舍地试图揭示出终极实在的奥秘。正因为如此，在古希腊社会中，那些哲学家，尤其是具有形而上学倾向的哲学家，他们的思想观点往往都与流行的大众常识背道而驰。当希腊人对宙斯、波塞冬、阿波罗、雅典娜等奥林匹斯诸神顶礼膜拜、讴歌赞美时，一位游吟诗人式的哲学家克塞诺芬尼却公然宣称，那些与人同形同性的神祇其实是人按照自己的形象杜撰出来的一些傀儡，而唯一的真神则是那个不变不动、无形无相、不在时间和空间之中的"神"或"一"。克塞诺芬尼所说的具象的奥林匹斯诸神与抽象的"神"或"一"之间的对立,就如同赫拉克利特所说的火和万物与"逻各斯"之间的对立一样,都体现了一种自我否定的辩证关系。一般民众注目于奥林匹斯诸神、注目于火和万物之间周而复始的流变,克塞诺芬尼和赫拉克利特却把眼光投向了背后的"神""一"和"逻各斯",并且试图用一种辩证的方式把相互对立的东西统一起来。

像克塞诺芬尼、赫拉克利特这样与大众常识相悖逆的哲学家在古希腊社会中不胜枚举,他们都试图通过一种辩证的否定方式来揭示某种潜藏在现象背后的真理或奥秘。当希腊人尽情地享受着经验世界中的美好事物时,巴门尼德却把处于生灭流变过程中的感性之物说成"非存在",而把潜藏在现象背后的不变不动和独一无二的东西称为"存在",这神秘的"存在"只有通过抽象的思想才能把握。当希腊人热衷于奥林匹亚竞技场上的身体竞逐时,柏拉图却对这种大众热爱的感性活动嗤之以鼻,认为有智慧的人应该在沉思冥想中来展现灵魂的力量，而不是在竞技场上展示肉体的力量。最吊诡的是巴门尼德的学生芝诺提出的一系列诡辩命题（诡辩与辩证法之间只有一步之遥，它们都指向神秘主义的幽深之域），如"阿喀琉斯追不上乌龟""飞箭不动""谷粒的论证"等，这位由于反抗僭主暴政而慷慨就义的伟岸英雄用这些诡辩命题从根本上颠覆了希腊民众关于运动和繁多的常识。

辩证法是古希腊哲学的基本性格之一，它植根于哲学思辨对于"背后的东西"或形上之物的探究冲动中，并且从一开始就打上了神秘主义的深深烙印。从赫拉克利特等人那里发轫的古代辩证法后来通过苏格拉底和柏拉图等人的中介而与中世纪基督教神秘主义相融会，最终在近代形成了最具典型意义的黑格尔辩证法。

"智者"的智慧

"智慧"(sophia)一词在希腊文化语境中具有极其崇高的地位,它与"知识"既相联系又相区别。古希腊哲学的集大成者亚里士多德对"智慧"概念定义道:"智慧就是有关某些原理与原因的知识。"可见智慧不同于一般的经验知识,它是涉及事物的原理或原因的深邃见解。而"哲学"(philosophy)一词在希腊语中的原义就是"爱智慧",可见哲学从产生之日起就与追问事物原理或原因的形而上之思联系在一起(据说"哲学"这个词最先是被毕达哥拉斯所使用,而毕氏恰恰是开创西方形而上学的鼻祖)。

公元前 5 世纪中叶,随着希腊城邦制度和民主政治的不断完善,论辩之风在各城邦的公共生活中大为兴盛。一个城邦公民无论是出于表达政治立场的需要,还是法律诉讼的需要,都必须掌握一定的论辩技巧。这种在彼此交锋中以缜密的逻辑和雄辩的修辞来揭露对方矛盾的论辩技巧,就叫作"辩证法"(苏格拉底就是以擅长使用这种辩证法而著称,这种方法因此也被叫作"苏格拉底式的讨论方法");而那些以教授这种辩论方法为职业的人,就被叫作"智者"(sophist),意即有智慧的人。据说当时周游于各城邦收费讲学、教人以论辩技巧的普罗泰戈拉,就是第一个公开自称"智者"的人。

"智者"普罗泰戈拉果然具有高人一筹的智慧吗,抑或他只是一个如苏格拉底所蔑称的"批发或者零售灵魂的粮食的人"(亚里士多德也把"智者"说成一些"靠一种似是而非的智慧赚钱的人")?根据柏拉图的记载,当暮年的普罗泰戈拉第二次访问雅典时,年轻的苏格拉底曾经与他发生过一次正面的思想交锋。从此以后,苏格拉底以及他的弟子柏拉图、柏拉图的弟子亚里士多德都对普罗泰戈拉之流的"智者"充满了轻蔑。然而罗素却认为,柏拉图等人之所以要不余遗力地攻击"智者",实际的原因是由于后者的智慧超群,因而引起了他人的嫉恨。无论原因如何,苏格拉底及其弟子们都不屑于"智者"这个称呼,认为这个称呼太狂妄、太不知天高地厚了。相对于"智者"(sophist),苏格拉底则谦卑地表示自己只是一个"爱智者"(philosopher),即"哲学家"。从此以后,sophist 一词就由"智者"转变为"诡辩家",具有了负面的意义。

普罗泰戈拉之类的"智者"是否真的具有超凡脱俗的智慧?为什么苏格拉底这样的贤哲要把他们看作浪得虚名的精神掮客呢?实际上,普罗泰戈拉与苏格拉底都在从事着同样的重要工作,那就是把哲学"从天上拉回到人间",把智慧的眼光从虚无缥缈的宇宙本原转向实实在在的人本身。但是他们两人得出的结论却大相径庭,由此导致了双方的思想对峙和历史恩怨。

在普罗泰戈拉和苏格拉底的时代,先前的许多哲学家已经分别提出了关于宇宙本原的各种学说,诸如水本原说、气本原说、火本原说、数本原说、逻各斯本原说等，各种观点相互对立，莫衷一是。这种思想上的分歧固然可以解释为人类智慧的不断精进，但是从一种更具批判性的怀疑论角度来看，何尝不可以得出一种更加超越的观点，那就是对客观的宇宙本原本身的质疑。苏格拉底把哲学家们众说纷纭的原因归结为哲学对象的错置，他认为人们不应该僭妄地去认识那个只有神才能够认识的宇宙本原，而应该把眼光投诸人本身，"认识你自己"，哲学的使命就是通过研究与人生相关的美德、正义等道德问题而达到敬爱神的目的。然而普罗泰戈拉却以一种后现代主义的解构方式把客观的宇宙本原消解为主观的个人感受，从而用一种机智诡异的相对主义来取消了问题本身。在他看来，哲学家们之所以争辩不休，恰恰说明根本就不存在什么客观的宇宙本原，一切都是因人而异的。你有什么样的鉴赏眼光，世界在你眼中就会呈现出什么色彩；你有什么样的思维模式，世界在你心中就会具有什么意义。他的一个著名观点是："人是万物的尺度，是存在的事物存在的尺度，也是不存在的事物不存在的尺度。"由于人与人的思维方式、情感方式、审美方式等都是彼此不同的,所以"事物对于你就是它向你呈现的样子,对于我就是它向我呈现的样子"。普罗泰戈拉以刮风为例,风本身冷不冷,这是一个假问题,因为风对于感觉到冷的人是冷的,而对于感觉不冷的人则是不冷的。这样一来,人的感觉和见识就成为客观对象的尺度;而每个人的感觉和见识又是彼此相异的,于是统一的客观世界就分裂为相对的主观世界了。

这种相对主义固然容易流于荒诞,但是它往往也蕴含着一些极高明的真知灼见,暗藏着一种庄子或禅宗式的超然智慧。庄子《齐物论》曰:"毛嫱丽姬,人之所美也,鱼见之深入,鸟见之高飞,麋鹿见之决骤。四者孰知天下之正色哉?"可见美本身就具有主观性,所谓"沉鱼落雁"的成语应当从相对主义的角度来重新诠释。而禅宗六祖慧能超越风动与幡动之争的"仁者心动"之说,充分体现了智者以本心看世界的大彻大悟。特别是慧能那段著名偈语:"菩提本无树,明镜亦非台,本来无一物,何处惹尘埃?"更是给沉迷于客观色相世界中的人以当头棒喝。这种超脱"心随境转"的凡夫视野、遁入"境随心转"的圣贤境界的微妙转化,正是普罗泰戈拉的"人是万物的尺度"命题的精深意蕴。

"人是万物的尺度"命题导致了一种"一切皆真"的相对主义,因为每个人只能用自己的眼光来观察世界,只能用自己的思维方式来领悟世界的意义,就此而言,每个人眼中和思想中所呈现出来的世界都是真实的。但是从另一方面来说,"一切皆真"的相对主义必然会导致"一切皆假"的虚无主义。普罗泰戈拉自己也承认,"一切理论都有其对立的说法"。而从逻辑上来说,如果两个相互对立的观点都是真的,也就无所谓真与假的区别了。因此,另一位"智者"高尔吉亚就接着普罗泰戈拉而宣称并论证了三个著名的命题:第一,"无物存在";第二,"即使有物存在,也无法认识";第三,"即使认识了,也无法告诉别人"。普罗泰戈拉解构了客观的尺度,将人确立为万物的尺度;高尔吉亚则顺理成章地进一步解构了"尺度"本身,从唯识为真的自我执着进入到物我两空的虚幻境界。

至此，古希腊哲学家们筚路蓝缕地探寻宇宙本原的一切努力似乎都化作了泡影。正是面对着这种解构宇宙本原、否定客观真理的相对主义和虚无主义，苏格拉底及其弟子柏拉图才挺身而出，义无反顾地承担起拯救本质主义、捍卫形而上学的神圣使命。苏格拉底试图从特殊的道德现象背后去寻求普遍性的东西（关于"美德"和"善"的一般定义），柏拉图则把普遍本质（"理念"）扩展到整个客观世界，从而建立起古希腊第一个系统性的形而上学体系。从此以后，苏格拉底、柏拉图（以及亚里士多德）所代表的本质主义和形而上学的路线就与普罗泰戈拉等"智者"所代表的怀疑主义和解构主义的路线分道扬镳，甚至形同水火，二者共同构成了推动西方哲学发展演变的内在张力。

从这种意义上来说，普罗泰戈拉到底是一个"智者"，还是一个"诡辩家"？抑或这二者之间本来就不存在什么根本区别（同为 sophist），只不过是后世人们所贴的不同标签罢了。对于普罗泰戈拉来说，他既然已经窥透了众说纷纭的是非漩涡，又岂会在乎自己到底是一个"智者"，还是一个"诡辩家"？更何况在所谓的诡辩之中，本来就隐藏着辩证的机锋。那个时代的哲学家们，无论是赫拉克利特、克拉底鲁、芝诺，还是普罗泰戈拉、高尔吉亚等"智者"，甚至包括把"智者"贬抑为"诡辩家"的苏格拉底，他们中间哪一个人的智慧不是与诡辩（后人美其名曰"辩证法"）密切相关的？作为一个"世人皆醉我独醒"的"智者"，普罗泰戈拉就像后世的卢梭、尼采等人一样，是一个超越了自己时代的人；或者借用奥地利现代诗人里尔克的小说《掘墓人》中的话来说，属于那种"来得太早太早的人"。当希腊那些伟大的哲人们纷纷为宇宙本原而争论不休时，普罗泰戈拉和高尔吉亚却独具慧眼地意识到："本来无一物，何处惹尘埃？"这不是一种超凡脱俗的智慧，又是什么呢？

苏格拉底之死与西方文化宿命

公元前399年,年逾七旬的希腊哲学家苏格拉底被雅典法庭判处了死刑,罪名有两条:其一是苏格拉底喜欢探究天上世间各种稀奇古怪的知识,并且以此教导青年,蛊惑人心;其二是苏格拉底不信传统的神祇,企图引进新神。当时,战败媾和的雅典刚刚从胜利者斯巴达人所强加的寡头政治中摆脱出来,恢复了伯罗奔尼撒战争之前的民主制度。黑格尔曾经说过,历史往往会以酷似的面貌重演,第一次是以悲剧的形式,第二次却是以闹剧的形式。正是这个表面上恢复了往昔的民主制,实际上却已经丧失了一切深刻的严肃性和神圣性的雅典城邦,以莫须有的罪名把它最伟大的思想家判处了死刑。

苏格拉底之死构成了希腊城邦文化的"原罪",

《苏格拉底之死》
雅克-路易·大卫,布上油画,1787,129.5cm×196.2cm
大都会艺术博物馆

正如一些后世评论者指出的，苏格拉底是雅典城邦的良心，当雅典人判处苏格拉底死刑时，他们已经亲手扼杀了自己的良心，沦为一具没有灵魂的行尸走肉，在慵惰的历史惯性中等待着一个巨大的力量来为自己收尸入殓。当苏格拉底在雅典法庭上接受审判时，他实际上已经对雅典乃至整个希腊城邦文化的命运进行了最后宣判。果然，在苏格拉底死后不久，马其顿国王腓力二世和亚历山大就结束了雅典和希腊的城邦制度，建立了一个统一的大帝国；而充满了自由精神的希腊城邦文化也随着城邦制度的终结而走向衰落。

苏格拉底在面对死刑判决时对雅典人宣称："分手的时候到了，我去死，你们去活，谁的去路好，唯有神知道。"诚如四百年以后耶稣在十字架上所宣昭的启示一样，苏格拉底之死最重要的意义就在于展现了一种比现实生活更美好的理想生活前景。在城邦时代，希腊人普遍信奉自然主义和感觉主义的奥林匹斯多神教，尽情地享受现世生活，对于死后的状况不感兴趣。然而苏格拉底在面对死亡时却明确表示:"必须追求好的生活远过于生活。"当他被收监等待行刑时,他拒绝了朋友策划的越狱计划;在行刑的前夜,他对前来看望他的朋友和学生们讲了一夜关于灵魂摆脱肉体之后与神灵和先贤们自由遨游的情景;而当他接过刽子手递来的鸩毒平静地一饮而尽时,他心中确定不移地相信自己要去的是一个"好境界"。当然,究竟什么是"好的生活"或"好境界",这是一个见仁见智的问题。但是苏格拉底却在面对死亡时表述了一种与希腊人众观点截然不同的态度,从而为后世西方文化展示了一种全新的生命观。就此而言,苏格拉底对待死亡的态度,与其叫作无畏(像那些声称"二十年后又是一条好汉"的草莽英雄一样),毋宁叫作超然。心中怀着一个美好的理想而坦然地拥抱死亡,总比在无聊的生活惯性中被动而恐惧地等待死亡要更加崇高,其心境也会更加淡泊宁静。

苏格拉底之死与德尔斐神庙门前巨石上镌刻的一条古老箴言有关,这条箴言就是"人啊,认识你自己!"。德尔斐神庙是崇拜太阳神阿波罗的神庙，也是全希腊遐迩闻名的求神谕的灵验场所。据苏格拉底本人在雅典法庭上的陈述，当他还是一个年轻人的时候，他的朋友凯勒丰就从德尔斐神庙得到了一条神谕，神说世界上没有人比苏格拉底更有智慧了。苏格拉底对此大惑不解，他认为自己并没有什么智慧，但是神既然这样说，肯定是有道理的。所以从那时开始，他就孜孜不倦地寻访希腊那些著名的政治家、智者、诗人、工匠等，试图发现他们比自己更有智慧。然而结果却令人失望，通过与这些人的交谈接触，苏格拉底发现他们与自己一样也谈不上有什么智慧，但是他们对此却浑然不知，反而以为自己很有智慧。于是，苏格拉底终于恍然大悟，明白了神为什么要说自己是最有智慧的，因为世界上只有自己"自知其无知"。这种自知之明充分印证了德尔斐神庙那句古老箴言——"人啊，认识你自己！"——的深刻意蕴。苏格拉底对神谕的真旨领悟道：

那个神谕的用意是说，人的智慧没有多少

价值,或者根本没有价值。看来他说的并不真是苏格拉底,他只是用我的名字当作例子,意思大约是说:"人们哪!像苏格拉底那样的人,发现自己的智慧真正说来毫无价值,那就是你们中间最智慧的了。"[1]

基于这种自知之明,苏格拉底意识到哲人们热衷探讨的宇宙本原问题乃是属于神的智慧的对象,并非人力所能企及,人应该把眼光投注到与自身有关的道德领域。这样一来,苏格拉底就实现了把哲学"从天上拉回到人间"(古罗马哲学家西塞罗语)的重大转折。此后苏格拉底就乐此不疲地在各种场合与人探讨美德方面的问题,使用一种不断揭露对方矛盾的方法("辩证法")来探求真理。苏格拉底这种为了追求真理而不断揭露那些自以为有智慧者的无知的做法,以及他在一个与希腊有形神祇迥然不同的无形"灵异"的感召下所做出的许多怪癖

---

[1] 北京大学哲学系外国哲学史教研室编译《西方哲学原著选读》上卷,商务印书馆,1981,第68页。

行径，激怒了一批有权势的雅典人，最终使他因为"思想罪"而被判处死刑。

苏格拉底在西方思想史中的地位相当于中国的孔子，而且他们两人都把道德问题放在哲学的首要位置。孔子（以及孟子等先秦儒家）是奠定现实伦理规范的先贤，这套以"仁义礼智"为核心的伦理规范在中国古代社会逐渐被具体化为一套繁缛苛刻的封建伦常纲纪。苏格拉底虽然也关注美德问题，但是他致力于寻求的却是美德的概念根据，或者关于美德的一般定义，即"美德是什么"的问题。苏格拉底并不关注美德的具体表现形式，不关注现实伦理的德目规范，他关心的只是使一种行为成为美德的根据是什么。苏格拉底对美德的定义是："美德是关于善的概念的知识。"也就是说，美德是与真知联系在一起的，相应地，罪恶则是与无知密切相关的。这种对美德的概念根据的关注深深地影响了他的学生柏拉图，使得后者把概念（idea）从美德的根据进一步扩大为宇宙万物的根据，从而创立了希腊形而上学的最高形态——"理念论"。这种"理念论"

在中世纪又成为基督教神学的重要思想来源,培育了传统基督教文化执着于信仰国度而鄙夷感性现实的价值取向。

比理论上的差异更加重要的是苏格拉底与孔子在实践方面的分野。面对逆境,孔子表现出一种"道不行,乘桴浮于海"的灵活态度,所谓"有道则见,无道则隐",所谓"穷则独善其身,达则兼济天下"(孟子),都表现出一种以现世生活为基本准则的利命保生精神。但是苏格拉底却通过"向死而生"的殉道行为展现了一种超越现世生活的浪漫理想,从而成为耶稣在十字架上昭示宗教福音的历史先驱。孔子在周礼基础上经过革故鼎新而建立起来的伦理规范与中国社会的现实秩序相吻合,苏格拉底所预示的彼岸理想却因其超越性和神秘性而与雅典人的宗教习惯格格不入。因此,孔子虽然常常感叹时运不济,却也寿终正寝;苏格拉底却为了他的理想而以身殉道,命赴黄泉。

苏格拉底有一种强烈的宗教使命感,他常说自己从小就听到一种"灵异"的声音在耳边回响,阻止他去做那些不应该做的事情。当他在法庭上坦然地接受死刑判决时,也正是这个"灵异"在鼓励他把死亡看作一种"福气",而非一种恶事。苏格拉底坚信自己作为一个热爱智慧的人所应履行的基本职责,这个职责就是孜孜不倦地听从神的呼唤去探寻美德和追求幸福(但是这幸福并非在此世实现)。在临刑之前,苏格拉底一直在与朋友和学生们谈论灵魂不朽的问题,他相信,"哲学家的事业完全就在于使灵魂从身体中解脱和分离出来",因此,"一个真正把一生贡献给哲学的人在临死前感到欢乐是很自然的,他会充满自信地认为当今生结束以后,自己在另一个世界能发现最伟大的幸福"。

当然,在苏格拉底生活的时代,基督教还没有诞生,希腊人仍然受着崇尚优美形体、热爱感性生活的奥林匹斯多神教的深刻影响。但是苏格拉底之死却昭示着一种历史的启示,那就是一个唯灵主义的新兴宗教即将取代灵肉一体的古老神话。苏格拉底已经用自己的鲜血完成了呼唤新神灵的神圣祭祀，他的肉体牺牲了，但是他的精神却在后世被发扬光大。苏格拉底不仅预示了一种新宗教，更重要的是，他表现了一种超越现实和为理想而殉道的浪漫精神，这种浪漫精神对于推动西方文化的发展与更新起到了至关重要的作用。由于把目光投向一种彼岸性的理想、投向一种"好的生活"，所以生命的意义就在于对生活本身的不断超越，而不是对生活的惰性固守。在这种浪漫精神的感召下，西方人盯着天空中的各种美妙蜃景向前奔驰，在两千多年的历史过程中不断地超越各种社会现实，在身后留下了一片片色彩斑驳的文化遗迹，其中既有闪光的金子，也有刺目的沙砾。

这种发轫于苏格拉底的超越的浪漫精神，成为西方文化的永恒宿命。

浪漫的"热情"与实证的"审慎"

希腊哲学"三杰"是苏格拉底、柏拉图和亚里士多德,这一脉相承的师徒三人代表着古希腊哲学发展的最高水平。苏格拉底一生述而不作,他的哲学思想主要是被其学生柏拉图记述下来并加以阐释、发扬。柏拉图一生写了三十多篇对话体著作,其中绝大多数都是以苏格拉底作为对话的主角。柏拉图在表述苏格拉底的观点时,往往运用春秋笔法,微言大义,将自己的新思想借乃师之口加以阐发。但是柏拉图对苏格拉底的思想却丝毫未加批判,可谓是"为尊者讳""为贤者讳"。相比之下,亚里士多德对其师柏拉图的态度就显得有些大不敬了,亚里士多德的那句名言"吾爱吾师,吾更爱真理",清晰地表达了他与柏拉图之间既有传承又有批判的思想联系。如果说柏拉图是扯起苏格拉底的大旗来垒筑自己的哲学营盘，亚里士多德则是在突破柏拉图哲学的藩篱之后才建立起自己的哲学体系的。

从对后世西方思想的影响来看，柏拉图与亚里士多德之间的关系与其说是一脉相承，不如说是针锋相对。罗素指出，在希腊有两种相互对立的倾向，一种是热情的和神秘的，另一种是审慎的和理性的，而"审慎对热情的冲突是一场贯穿全部历史的冲突"。柏拉图哲学无疑是"热情"的代表，它充满了神秘的和诗意的特点；亚里士多德哲学则是"审慎"的典范，它体现了实证的和科学的精神。海涅在《论德国宗教和哲学的历史》一书中甚至把二者的差异提升到人性的高度，它们之间的对立从古希腊时代一直延续到基督教文化中：

> 柏拉图和亚里士多德！这不仅是两种体系而且也是两种不同人性的典型，他们自远古以来，就披着各种不同的外衣，或多或少地互相敌对着。特别是经过整个中世纪，一直到今天为止，斗争还是这样进行着，而这场斗争也是

基督教教会史的最根本的内容。即使在另外一种名义下,问题总还是关系到柏拉图和亚里士多德。狂信的、神秘的、柏拉图性质的人们从他们的内心深处显示出基督教的观念以及其相应的象征。实践的、善于整理的、亚里士多德性质的人们从这些观念和象征中建立起一种牢固的体系、一种教义和一个教派。[1]

在逻辑严谨、思维缜密的亚里士多德看来,其师柏拉图的许多观点都充满了随意的想象,都是经不起推敲的。例如柏拉图关于感性事物是对"理念"的分有和模仿的说法,就被亚里士多德讥讽为"一种诗意的比喻"。亚里士多德所建立的博大精深的哲学体系,每一环节都是经过严密的逻辑论证的,无论是他的形而上学,还是物理学、政治学、伦理学、心理学、文艺理论等,都体现出一种实证的科学精神。亚里士多德也是形式逻辑的奠基人,我们今天所运用的形式逻辑在他那里就已经基本

---

[1] 海涅:《论德国宗教和哲学的历史》,第63页。

定型了。所以亚里士多德对柏拉图的批评，典型地表现了"审慎"对"热情"、理性主义对神秘主义的批判。

与富于理性精神的亚里士多德相比，柏拉图的哲学不仅显得意韵朦胧、思想飘忽，而且还呈现出一种浓郁的浪漫主义和唯灵主义色彩。在本体论上，柏拉图宣扬一种形而上学的"理念论"，强调在具体的感性事物背后有一个抽象的"理念"，这个不变不动、独一无二的"理念"构成了感性事物的"原本"或根据，感性事物只是对"理念"进行"分有"和"模仿"的结果。在认识论上，柏拉图主张一种先验主义的"回忆说"，认为灵魂在进入肉体之前曾经在"理念世界"中居住过，在那里掌握了各种"理念"知识，但是当灵魂进入肉体时却将这些知识遗忘了，因此后天的学习只不过是对先天知识的一种"回忆"罢了。在政治学中，柏拉图更是参照斯巴达的社会模式设计出一套乌托邦的理想国蓝图。在这个理想的国度中，神用金、银、铜铁等不同材料打造了三个阶级，他们分别是以智慧来治理国家的哲学家、以武力来保卫国家的军人,以及谨守节制而勤奋工作的劳动者。柏拉图的上述理论,都明显地具有浪漫和神秘的特点。通过这些理论,柏拉图不仅为后世形形色色的唯心主义开创了思想先河,为强调灵性超越的基督教神学奠定了理论基础,而且也向一切热爱智慧的人们昭示了一种海市蜃楼式的"哲学王"理想。为了实现这种虚幻的政治理想,柏拉图曾先后三次来到西西里岛,试图把那个岛上的叙拉古王国变成"理想国"的实验基地。无奈命运不济,"理想国"不仅未能实现,他本人也差一点被叙拉古国王当作奴隶拍卖。但是柏拉图仍然对他的政治理想充满热忱,这位耽于幻想的哲学家公然宣称:

除非哲学家变成了我们国家中的国王,或者我们叫作国王或统治者的那些人能够用严肃认真的态度去研究哲学,使得哲学和政治这两种事情能够结合起来,而把那些现在只搞政治而不研究哲学或者只研究哲学而不搞政治的人排斥出去,否则我们的国家就永远不会得到安宁，全人类也不会免于灾难。[1]

柏拉图的"哲学王"理想在人类历史上是难以实现的，它基本上属于一种凌空狂想的乌托邦。古往今来，尽管有许多国王、皇帝和统治者都对哲学表现出一种叶公好龙式的热爱，但是真正称得上是"哲学王"的人却寥若晨星。罗马帝国的皇帝马可·奥勒留也许算得上是一个，但是罗马帝国的气数正是从他统治的时代（公元161—180年）开始由盛转衰的。马可·奥勒留之所以留名青史，并非由于他把哲学与政治和谐地结合起来，而恰恰是由于他那看透了政治得失的斯多葛主义悲观思想（充分体现在其名著《沉思录》中）。正如南唐后主李煜之所以名扬后世不是由于他用诗歌促进了政治，而是由于他在忧怨悱恻的诗词中表达了"故国不堪回首"的政治失意感。

---

1 北京大学哲学系外国哲学史教研室编译《古希腊罗马哲学》，商务印书馆，1961，第231页。

如果说"哲学王"理想过于浪漫而难以实现，哲学家成为"帝王师"的情况却不乏其例。亚里士多德本人就是一个例子，这位古希腊最伟大的哲学家培养了一位古代世界最杰出的君王——亚历山大大帝。然而，那位横扫欧亚大陆的青年统帅亚历山大究竟对亚里士多德的哲学理解了多少，这向来就是一个充满争议的问题。罗素认为，亚里士多德对亚历山大的哲学影响几乎等于零，后者受到的更多是其父母的狂暴、迷信、执拗等不良因素的影响，而不是亚里士多德的理性教养。尽管亚历山大对亚里士多德始终抱着一种尊重态度，在他东征亚洲时还不断派人把新发现的动植物标本送到雅典来供老师研究，但是在一些重要问题上，他的观点却与亚里士多德背道而驰。例如在处理东方问题的立场上，身居雅典的亚里士多德坚持希腊文化优越论的态度，认为希腊人与被征服的东方人之间应该保持一种主奴关系；而御驾亲征的亚历山大大帝则通过自己的亲身见闻，深深感受到东方文化的博大精深，因此不顾乃师的意见，采取了鼓励移民和通婚的种族融合政策，从而卓有成效地开创了希腊化时代。

ARISTOTLE AND HIS PUPIL, ALEXANDER.

《亚里士多德与他的学生亚历山大》

查尔斯·拉普兰特（Charles Laplante），木刻版画，1866，11.7cm × 14.4 cm

希腊哲学发展到柏拉图和亚里士多德那里,已经达到了思想的巅峰。后世西方社会的各种哲学流派和哲学观点,都可以或多或少地从这两个人的学说中找到思想雏形。柏拉图奠定了一直到黑格尔为止的形而上学传统,亚里士多德则开创了流行至今的逻辑实证风格。柏拉图主义与亚里士多德主义虽然旨趣不同甚至相互对立,但是它们都表现了某种博大精深的思想内涵,焕发出一股雄浑壮丽的阳刚之气。自亚里士多德之后,希腊哲学就开始盛极而衰、每况愈下。气势磅礴的形而上学和自然哲学日益萎缩为低吟浅唱的生存哲学,蜕变出伊壁鸠鲁主义、斯多葛主义等哲学末流,成为希腊化时期和罗马帝国时期百无聊赖的萎靡心灵的精神兴奋剂。哲学从引导自由心灵追求真理的火炬,演变为跟在生存斗争后面收拾病残的救护车,对智慧的热爱(也就是 philosophy)逐渐被对权力和金钱的热爱所遮蔽。于是,哲学的时代走向终结,政治的时代和宗教的时代则应运而生。随着时代精神的变化,哲学也日益丧失了怀疑精神和批判意识,沦为政治的附庸和神学的奴婢,沦为吹喇叭抬轿子、歌功颂德粉饰太平的精神佞臣。

这就是希腊哲学发展的悲怆奏鸣曲,它既有慷慨激昂的音符,也有阴郁沉抑的声调。随着时光的流逝,希腊哲学已经成为沧桑之音,但是它那幽深的哲思和崇高的意境,并没有被历史的风尘所湮没。在庸碌的尘世生活中,在喧嚣的物欲潮流里,总有一些敏感的心灵会被希腊先贤所追求的纯净星空和圣洁情操所感动。在任何时代,希腊哲学都如同希腊神话一样,注定将成为那些思乡寻梦者的温馨故园。

图书在版编目（CIP）数据

希腊的精神 / 赵林著 . —北京：北京大学出版社，2024.7
ISBN 978-7-301-35088-1

Ⅰ.①希… Ⅱ.①赵… Ⅲ.①古希腊罗马哲学－研究 Ⅳ.① B502

中国国家版本馆 CIP 数据核字（2024）第 106563 号

书　　　名	希腊的精神 XILA DE JINGSHEN
著作责任者	赵　林 著
责任编辑	李　澍　王立刚　陈佳荣　李凯华
标准书号	ISBN 978-7-301-35088-1
出版发行	北京大学出版社
地　　　址	北京市海淀区成府路 205 号　100871
网　　　址	http://www.pup.cn　新浪微博：@ 北京大学出版社
电子邮箱	zpup@pup.cn
电　　　话	邮购部 010-62752015　发行部 010-62750672 编辑部 010-62753154
印　刷　者	北京九天鸿程印刷有限责任公司
经　销　者	新华书店
	880 毫米×1230 毫米　32 开本　6.125 印张　86 千字 2024 年 7 月第 1 版　2024 年 7 月第 1 次印刷
定　　　价	68.00 元

未经许可，不得以任何方式复制或抄袭本书之部分或全部内容。
版权所有，侵权必究
举报电话：010-62752024　电子邮箱：fd@pup.cn
图书如有印装质量问题，请与出版部联系，电话：010-62756370